Der 5-Stufen-Wechsel

zu

Durchbrechen Sie den Burnout-Zyklus

Beleben Sie Ihr Gehirn und Ihren Körper neu, um sich aus dem Burnout zu befreien

—— **DR. CLARA REVIVE** ——

URHEBERRECHTE ©

Copyright © 2024 Dr. Clara Revive. Alle Rechte vorbehalten.

Kein Teil dieser Veröffentlichung darf ohne vorherige schriftliche Zustimmung des Herausgebers reproduziert, in einem Datenabfragesystem gespeichert oder in irgendeiner Form oder mit irgendwelchen Mitteln, elektronisch, mechanisch, durch Fotokopieren, Aufzeichnen oder auf andere Weise, übertragen werden.

Wissen

Das Schreiben dieses Buches war eine Reise voller Entdeckungen und Wachstum und ich bin den vielen Menschen dankbar, die mich auf diesem Weg unterstützt haben.

Zuallererst möchte ich meiner Familie für ihre unerschütterliche Unterstützung und Ermutigung danken. Ihr Glaube an mich war meine ständige Inspirationsquelle.

Ich bin meinen Kollegen und Freunden zutiefst dankbar, die bei der Entstehung dieses Buches wertvolle Erkenntnisse und Feedback geliefert haben. Ihr Fachwissen und ihre Perspektiven waren von unschätzbarem Wert.

Ein besonderer Dank gilt dem Team von Avalon Publishing House für sein Engagement und seine Professionalität. Ihr Engagement für Spitzenqualität hat dieses Buch möglich gemacht.

Abschließend möchte ich allen Lesern danken, die sich auf diese Reise begeben, um den Burnout-Kreislauf zu durchbrechen, dass Sie mir Ihre Zeit und Aufmerksamkeit schenken. Ich hoffe, dieses Buch dient Ihnen als Hoffnungsschimmer und als praktischer Leitfaden, um die Kontrolle über Ihr Leben zurückzugewinnen.

Mit bestem Dank.

Hingabe

An alle, die sich den überwältigenden Herausforderungen eines Burnouts gestellt haben und die Kraft gefunden haben, einen Weg zur Genesung zu suchen. Möge dieses Buch Sie in ein Leben voller neuer Energie und Ziele führen.

INHALTSVERZEICHNIS

Wissen 3

Hingabe 4

Einführung 14

Ein Plan zur Genesung: Einführung des 5-Stufen-Wechsels 20

Teil 1: Die Phase der Erkenntnis – Von der Verleugnung zur Erkenntnis 25

Kapitel 1 26

Sind Sie ausgebrannt? Erkennen Sie die Warnzeichen. 26

Unterbewusste Signale: Erkennen körperlicher und emotionaler Hinweise. 33

Verhaltensänderungen: Wenn die Produktivität sinkt und die Motivation schwindet. 35

Selbstreflexion 38

Transformative Übungen 40

Kapitel 2 42

Die Buchhalterfalle: Branchenspezifische Burnout-Auslöser. 42

Die Verlockung und der Druck: Das zweischneidige Schwert des Buchhalters 43

Anspruchsvolle Termine und Leistungsdruck. 49

Genauigkeit aufrechterhalten: Die mentale Belastung ständiger Wachsamkeit. 53

Selbstreflexion 56

Anspruchsvolle Deadlines und Leistungsdruck 56

Transformative Übungen 58

Der Deadline-Tyrannei entkommen 58

Kapitel 3 60

Mehr als nur Zahlenspiel: Die Auswirkungen von Burnout auf Ihr Wohlbefinden. 60

Der Körper in Belagerung: Körperliche Erscheinungen eines Burnouts 61

Der emotionale Tribut: Wenn Leidenschaft zu Zynismus wird 63

Über den Arbeitsplatz hinaus: Die Auswirkungen von Burnout auf Beziehungen 65

Selbstreflexion 70

Der emotionale Tribut 70

Transformative Übungen 72

Über die Arbeit hinaus: Die Auswirkungen von Burnout auf Beziehungen 72

Teil 2: Die Neuausrichtungsphase – Änderung Ihrer Denkweise 74

Kapitel 4 75

Den inneren Kritiker zähmen: Negative Denkmuster in Frage stellen. 75

Identifizieren Sie Ihre Burnout-Geschichte: Entlarven Sie nicht hilfreiche Überzeugungen. 76

Eine wachstumsorientierte Denkweise entwickeln: Herausforderungen annehmen, um positive Veränderungen herbeizuführen. 80

Das Fixed-Mindset vs. das Growth-Mindset: Den Widerspruch erkennen 83

Die Kraft des Selbstmitgefühls 86

Freundlichkeit kultivieren für ein stärkeres Ich 86

Wie man Selbstmitgefühl übt 88

Selbstreflexion 90

Wachstumsdenken vs. statisches Denken 90

Transformative Übungen 92

Selbstmitgefühl kultivieren 92

Wichtige Erkenntnisse aus Kapitel 4 94

Kapitel 5 96

Das Positive daran finden: Stress als Werkzeug für Wachstum neu interpretieren. 96

Von der Überforderung zur Chance: Ändern Sie Ihre Stresswahrnehmung. 100

Resilienz annehmen: Die Kraft aufbauen, um wieder auf die Beine zu kommen. 104

Selbstreflexion 108

Stress neu definieren 108

Transformative Übungen 110

Aufbau von Resilienz 110

Wichtige Erkenntnisse aus Kapitel 5 112

Kapitel 6	114

Die Kraft der Dankbarkeit: Positivität in einer stressigen Welt kultivieren.   114

    Die Dankbarkeitsliste: Üben Sie, das Gute in Ihrem Leben zu schätzen.   118

    Freude im Alltäglichen finden: Sich wieder den kleinen Freuden hingeben.   123

        Selbstreflexion   130

Dankbarkeit kultivieren   130

    Transformative Übungen   132

Dankbarkeit üben   132

    Wichtige Erkenntnisse aus Kapitel 6   134

Teil 3: Die Verjüngungsphase - Selbstfürsorge hat Priorität   135

Kapitel 7   136

Tanken Sie Ihren Motor: Ernährungsstrategien für Spitzenleistungen.   136

    Tipps zur Flüssigkeitszufuhr: Halten Sie Körper und Geist fit.   142

        Selbstreflexion   150

Tanken Sie Ihren Motor   150

    Transformativ   152

Gehirnleistung durch Essen steigern   152

    Wichtige Erkenntnisse aus Kapitel 7   154

Kapitel 8   156

Schlafparadies: Erstellen Sie eine nächtliche Routine für erholsamen Schlaf. 156

    Schaffen Sie Ihre Schlafoase: Der Einfluss der Umgebung 158

    Checkliste zur Schlafhygiene: Schlaffördernde Routinen 159

        Selbstreflexion 163

Schlaf-Heiligtum 163

        Transformative Übungen 165

Erholsamen Schlaf fördern 165

        Wichtige Erkenntnisse aus Kapitel 8 167

Kapitel 9 169

Bewegen Sie Ihren Körper, verbessern Sie Ihre Stimmung: Die Kraft des Sports zur Erholung nach einem Burnout. 169

    Die Verbindung zwischen Körper und Geist 172

    Schnelle und einfache Atemtechniken für Berufstätige: 173

    Der Welleneffekt: Wie sich Bewegung positiv auf Ihr Arbeitsleben auswirkt 174

        Selbstreflexion 177

Bewegen Sie Ihren Körper, verbessern Sie Ihre Stimmung 177

        Transformative Übungen 179

Bewegung für mehr Wohlbefinden 179

        Wichtige Erkenntnisse aus Kapitel 9 181

Teil 4: Die Wiederherstellungsphase - Grenzen setzen und Nein sagen 183

Kapitel 10 184

Eine Festung bauen: Ihre persönlichen Grenzen definieren und schützen. 184

Selbstreflexion 189

Grenzen für das Wohlbefinden schaffen 189

Transformative Übungen 191

Die Kunst des Neinsagens üben 191

Wichtige Erkenntnisse aus Kapitel 10 Grenzen setzen 193

Kapitel 11 195

Meisterhaftes Zeitmanagement: Priorisieren Sie Aufgaben und übernehmen Sie die Kontrolle über Ihren Zeitplan. 195

Die Bedeutung der Delegation und der Aufgabenverteilung für optimale Produktivität 197

Selbstreflexion 200

Meisterhaftes Zeitmanagement 200

Transformative Übungen 201

Übernehmen Sie die Kontrolle über Ihre Zeit 201

Wichtige Erkenntnisse aus Kapitel 11 203

Zeiteinteilung 203

Kapitel 12 205

Lernen, abzuschalten: Strategien für eine gesunde Work-Life-Balance. 205
   Ein Zuhause als Rückzugsort: Einen Bereich zum Entspannen und Erholen schaffen 207
      Selbstreflexion 210
Abschalten für mehr Wohlbefinden 210
      Transformative Übungen 211
Schaffen Sie eine ruhigere Wohnumgebung 211

Wichtige Erkenntnisse aus Kapitel 12 213

Abschalten für mehr Wohlbefinden 213

Teil 5: Die Phase der Wiederentdeckung – Die Wiederentdeckung Ihrer Leidenschaft 215

Kapitel 13 216

   Entfachen Sie Ihren Funken neu: Stellen Sie die Verbindung zu Ihren Grundwerten wieder her. 216

      Entdecken Sie Ihre Grundprinzipien: Eine autobiografische Reise 218

      Seinen Idealen gerecht werden: Der Welleneffekt einer positiven Veränderung 220

      Identifizieren Sie Ihre Leidenschaften: Was motiviert Sie außerhalb der Arbeit wirklich? 225

      Richten Sie Ihre Arbeit an Ihren Werten aus: Finden Sie einen Sinn in Ihrer Karriere. 231

      Selbstreflexion 238

   Verbinden Sie sich wieder mit Ihrem Funken 238

Transformative Übungen	239
Entfachen Sie Ihre Leidenschaft neu	239
Wichtige Erkenntnisse aus Kapitel 13	241
Entzünden Sie Ihren Funken neu	241
Kapitel 14	**243**
Neue Horizonte entdecken: Weiterbildung und berufliches Wachstum.	243
Selbstreflexion	252
Neue Horizonte erkunden	252
Transformative Übungen	253
Planen Sie Ihren Kurs für kontinuierliches Lernen	253
Wichtige Erkenntnisse aus Kapitel 14	255
Neue Horizonte erkunden	255
Kapitel 15	**257**
Mehr als Burnout: Resilienz für eine nachhaltige Zukunft aufbauen.	257
Entwicklung von Stressbewältigungstechniken für langfristiges Wohlbefinden.	264
Ein Unterstützungsnetzwerk aufbauen: Starke Verbindungen für mehr Belastbarkeit schaffen.	269
Selbstreflexion	274
Bauen Sie Ihre Widerstandsfähigkeit auf	274
Transformative Übungen	275
Resilienz fördern	275

Wichtige Erkenntnisse aus Kapitel 15	277
Über Burnout hinaus	277
Abschluss	279
AUTORENANFRAGE UND BONUS	283

Einführung

Ausgebrannt? Sie sind nicht allein.

Die Neonröhren summten unbarmherzig und tauchten die endlosen Reihen tanzender Figuren auf meinem Computerbildschirm in ein steriles grelles Licht. Normalerweise schnell und präzise, fühlten sich meine Finger schwer und bleischwer an, als ich auf den Computer einhämmerte. Die gewaltige Stille des Büros hallte von jeder Tastatur wider, ein scharfer Kontrast zu dem wilden mentalen Lärm, der ständig von innen auf mich einprasselte. War dies meine vierte oder dritte Tasse warmen Kaffees an diesem Abend? Es war schwer zu sagen, da der heftige Kaffeeangriff die Geschmacksrezeptoren auf meiner chronisch ausgetrockneten Zunge schon vor langer Zeit betäubt hatte.

Meine Knochen schmerzten vor Erschöpfung, ein Schmerz, der mehr als nur körperlich war. Mein Geist schien eine trostlose Einöde zu sein, statt eine Quelle erfinderischer Ideen und unermüdlicher Konzentration. Ich war in einer Endlosschleife aus verpassten Terminen gefangen und wurde immer genervter von der einst zufriedenstellenden Welt der Tabellenkalkulationen und Zahlen.

Das war für mich und meine Freunde der Anfang vom Ende – nicht nur eine weitere lange Nacht bei der Arbeit. Es war der Rand des Burnouts. Der ständige Leistungsdruck und die Einhaltung von Fristen mit laserartiger Genauigkeit gehörten zum Beruf des Buchhalters. Aber irgendwann war die akribische Liebe zum Detail, die meine frühen Arbeiten antrieb, zu einer bedrückenden Fixierung geworden. Die Freude am Lösen von Problemen war verschwunden; an ihre Stelle trat eine ständige Angst, die einen Schatten auf alle meine Arbeit warf.

Vielleicht haben Sie auch schon einmal festgestellt, dass Sie einem Burnout nahe sind. Vielleicht sind Sie Lehrer und ertrinken in einem Meer von Aufgaben und Tests. Vielleicht arbeiten Sie als Krankenpfleger oder Arzt und die emotionale Belastung, die die Pflege anderer mit sich bringt, hat Ihr einst so mitfühlendes Herz schwer gemacht. Oder vielleicht sind Sie, wie viele andere auch, ein Rädchen in der unerbittlichen Maschinerie der modernen Arbeitswelt und müssen die Anforderungen Ihrer persönlichen Ziele, Ihrer Familie und Ihres Berufs unter einen Hut bringen.

Tatsächlich ist Burnout ein universelles Phänomen. Es ist eine weit verbreitete Krankheit, die Menschen jeden Alters, Berufs und jeder Herkunft betrifft. Müdigkeit ist der stille Killer, der Ihnen Ihren Antrieb, Ihre Leistung und schließlich Ihre Identität raubt.

Die gute Nachricht ist, dass Sie nicht allein sind. Burnout betrifft Millionen von Menschen weltweit und die Zahl wächst ständig. Diese psychische und physische Plage ist durch die unerbittliche Geschwindigkeit des modernen Lebens möglich geworden, das durch ständige Verbundenheit und immer höhere Erwartungen gekennzeichnet ist.

Aber nur weil Burnout häufig vorkommt, heißt das nicht, dass es immer passieren wird. Dieses Buch dient Ihnen als Leitfaden für die Genesung und als Führer durch das Labyrinth des Burnouts. Wir beginnen mit einem Weg der Selbstfindung mithilfe einer 5-Schritte-Methode, bei dem wir Ihre Energie zurückgewinnen, Ihre Perspektive ändern, die Selbstfürsorge an erste Stelle setzen, angemessene Grenzen wiederherstellen und schließlich die Leidenschaft entfachen, die Sie ursprünglich angetrieben hat.

Dies wird kein einfacher Weg sein. Auf dem Weg dorthin wird es Phasen der Ungewissheit und Enttäuschung geben. Aber Sie können Ihr Leben wieder in den Griff bekommen und den Fängen des Burnouts entkommen, wenn Sie über die richtigen Ressourcen und beharrliches Selbstmitgefühl verfügen. Also schnappen Sie sich eine Tasse Kaffee (oder Tee, je nachdem, welchen Treibstoff Sie mögen!), suchen Sie sich ein gemütliches Plätzchen zum Sitzen und machen Sie sich bereit für ein erhellendes Abenteuer. Denken Sie daran, dass die Rehabilitation mit einem Schritt beginnt, und auf diesen Seiten finden Sie den Fahrplan, der Sie zurück in einen Zustand des Glücks, der Zufriedenheit und des Wohlbefindens führt.

„Wir sind nicht dafür gemacht, ständig mit 160 km/h zu operieren." – Wayne Dyer

Diese einfache Aussage hat in der schnelllebigen Welt von heute, in der die Produktion oft über das Wohlbefinden gestellt wird, eine große Bedeutung.

Burnout ist eine moderne Pandemie, die durch den unerbittlichen Ansturm von Fristen, die Erwartung, „immer erreichbar" zu sein, und die Verwischung der Grenzen zwischen Arbeit und Privatleben angeheizt wird.

Müdigkeit ist mehr als nur Erschöpfung nach einem anstrengenden Tag. Es ist ein Zustand extremer körperlicher, geistiger und emotionaler Erschöpfung, der durch anhaltenden oder starken Stress hervorgerufen wird. Es ist das Gefühl, ständig kurz davor zu sein, aufzugeben, die Intensität des einst so starken Verlangens verloren zu haben.

Die Weltgesundheitsorganisation (WHO) hat die erheblichen Auswirkungen von Burnout auf die Arbeitsleistung und die allgemeine Gesundheit erkannt und es kürzlich als berufsbedingtes Problem definiert. Studien zufolge zeigt ein erschreckender Anteil der Arbeitnehmer weltweit Anzeichen von Burnout. Dies ist mehr als nur eine persönliche Herausforderung; es ist ein ernstes Problem, das sich auf Unternehmen auswirkt, indem es das Wohlbefinden der Mitarbeiter auf lange Sicht verringert und die Abwesenheitsrate und Produktivität erhöht.

Das Burnout-Biest: Seine Vielschichtigkeit enthüllt

Burnout tritt nicht als einzelnes offensichtliches Symptom auf. Es ist ein kompliziertes Phänomen mit komplexen Auswirkungen. Lassen Sie uns die drei Hauptkomponenten genauer untersuchen:

- **Emotionale Müdigkeit:** Burnout ist ein typisches Symptom. Es ist das Gefühl, jegliche Begeisterung für die eigene Aufgabe verloren zu haben und sich emotional erschöpft und leer zu fühlen. Die anfängliche Motivation und das Erfolgsgefühl werden durch einen anhaltenden Zynismus und Distanziertheit ersetzt.
- **Depersonalisierung:** Dies äußert sich in einem Rückzug von den Kollegen und dem Arbeitsplatz. Früher spannende Aufgaben werden langweilig und Gespräche mit Menschen wirken roboterhaft und unpersönlich. Ein Gefühl der Ernüchterung und Gleichgültigkeit ersetzt das Aufflackern von Zielstrebigkeit und Verbundenheit.
- **Vermindertes Erfolgserlebnis:** Burnout führt zu einem Rückgang des Erfolgserlebnisses, selbst nach langen Stunden und erheblicher Anstrengung. Selbstzweifel beginnen sich einzuschleichen, und selbst kleine Misserfolge scheinen unerreichbar. Die Fähigkeit, die eigene Leistung objektiv zu beurteilen, ist beeinträchtigt, was zu einem verminderten Selbstwertgefühl und Selbstvertrauen führt.

Chronische Stressreaktionen befeuern diese grundlegenden Aspekte des Burnouts. Unser Körper ist darauf ausgelegt, auf kurzzeitige Stressfaktoren mit der Produktion stressbedingter Chemikalien wie Cortisol zu reagieren, die unsere Aufmerksamkeit und Wachsamkeit vorübergehend steigern. Diese Reaktion schlägt jedoch fehl, wenn der Stress dauerhaft und chronisch wird. Der Cortisolspiegel bleibt hoch, was sich negativ auf unser geistiges und körperliches Wohlbefinden auswirkt.

Der Welleneffekt: Die Auswirkungen von Burnout auf Ihre Gesundheit

Ein Burnout erleidet niemand im luftleeren Raum. Die Auswirkungen gehen über das Büro hinaus und beeinträchtigen verschiedene Aspekte des Wohlbefindens, darunter:

- **Gesundheit des Körpers:** Burnout-bedingter chronischer Stress schwächt die Immunität und erhöht die Krankheitsanfälligkeit. Kopfschmerzen, Muskelverspannungen, Verdauungsprobleme und Schlafstörungen sind einige der möglichen Symptome.
- **Psychische Gesundheit:** Burnout kann bereits bestehende psychische Probleme wie Traurigkeit und Angst verschlimmern. Anhaltende emotionale Erschöpfung kann depressive Symptome, Unruhe und Konzentrationsschwierigkeiten verschlimmern.
- **Beziehungen:** Burnout kann sich aufgrund der ausgeprägten emotionalen Distanz und des Zynismus nachteilig auf unsere Beziehungen zu Freunden, Familie und Kollegen auswirken. Durch den Rückgang der sozialen Interaktion kommt es zu Gefühlen der Einsamkeit und Isolation.

Die Produktivität wird durch Burnout negativ beeinflusst, da es unsere Motivation und unser

Energieniveau senkt. Entscheidungen zu treffen wird schwierig und selbst einfache Aktivitäten werden zu einer Überforderung.

Ein Plan zur Genesung: Einführung des 5-Stufen-Wechsels

Glücklicherweise ist Burnout kein Todesurteil. Die Genesung braucht Zeit, genauso wie Burnout nicht auf einmal passiert. „Der 5-Schritte-Wechsel, um den Burnout-Kreislauf zu durchbrechen" ist in dieser Situation hilfreich. Dieses Buch dient als Leitfaden und führt Sie durch mehrere nützliche Taktiken, die darauf abzielen:

- **Identifizieren Sie die Warnhinweise:** Bewusstheit ist der erste Schritt zur Überwindung von Hindernissen. Wir gehen die Frühwarnzeichen und Symptome eines Burnouts durch, damit Sie sie erkennen können, bevor sie außer Kontrolle geraten.
- **Ändern Sie Ihre Perspektive:** Es ist nicht immer schlecht, gestresst zu sein. Wir vermitteln Ihnen die Fähigkeiten, die Sie benötigen, um den destruktiven Denkmustern, die zu Burnout führen, entgegenzutreten und eine belastbare, optimistische Einstellung zu entwickeln.

- **Machen Sie die Selbstfürsorge zur Priorität** weil man aus einer leeren Tasse nichts einschenken kann. Auf dieser Ebene geht es darum, Gewohnheiten der Selbstfürsorge zu einem regelmäßigen Bestandteil Ihres Lebens zu machen, wie z. B. ausreichend Schlaf, eine ausgewogene Ernährung und Bewegung.
- **Grenzen neu festlegen:** Stressmanagement und Zeitmanagement am Arbeitsplatz erfordern die Fähigkeit, „Nein" zu sagen und gesunde Grenzen zu setzen.
- **Entfachen Sie Ihre Leidenschaft erneut:** Entfachen Sie Ihre Leidenschaft neu: Ihr inneres Feuer ist vielleicht durch ein Burnout gedämpft, aber es muss nicht völlig erloschen sein. Die Hauptziele dieser letzten Phase sind, Ihre Motivation wiederzufinden und sich mit Ihren Grundüberzeugungen auseinanderzusetzen. Wir sprechen über Methoden zur Förderung der Kreativität, zur Suche nach Möglichkeiten zur persönlichen Weiterentwicklung und zur Entdeckung des Sinns in Ihrem Beruf.

Während Ihrer Reise können Sie diese fünf Phasen überprüfen und anpassen; sie sind nicht aufeinander folgend. Die Reha ist ein Marathon, kein Sprint, also behalten Sie das im Hinterkopf. Es wird Zeiten geben, in denen Sie sich besiegt und entmutigt fühlen. Mit den Techniken und Methoden in diesem Buch können Sie jedoch lernen, wie Sie richtig mit Stress umgehen, den Burnout-Kreislauf beenden und Ihr Wohlbefinden wiederherstellen.

Über die Person hinaus: Ein Appell zur systematischen Anpassung

Obwohl individuelle Ansätze zur Überwindung von Burnout unerlässlich sind, ist es wichtig zu erkennen, dass Burnout oft ein Zeichen eines schwerwiegenderen systemischen Problems ist. Die Burnout-Pandemie wird größtenteils durch den ständigen Leistungsdruck, die „Always-on"-Mentalität und den Mangel an Work-Life-Balance verursacht, der in vielen Unternehmen vorherrscht.

Dieses Buch ist sowohl ein Ruf nach Veränderung als auch ein Ratgeber zur Selbsthilfe. Wir alle müssen uns bemühen, eine Arbeitsatmosphäre zu schaffen, in der das Wohlbefinden der Mitarbeiter an erster Stelle steht und ein Gefühl der Zufriedenheit und Sinnhaftigkeit gefördert wird. Mögliche Bereiche für eine systemische Transformation sind:

- **Förderung einer offenen Kommunikation:** Es ist wichtig, eine sichere Umgebung zu schaffen, in der Mitarbeiter über ihre Arbeitsbelastung, ihren Stresspegel und Burnout-Probleme sprechen können. Eine offene Kommunikation ermöglicht frühzeitiges Eingreifen und proaktive Maßnahmen zur Bekämpfung von Burnout, bevor es sich festsetzt.
- **Förderung der Work-Life-Balance:** Durch flexible Arbeitszeiten, bezahlten Urlaub und eine Regelung, die ständige Verfügbarkeit verhindert, können Arbeitgeber einen großen Beitrag zur

Förderung einer guten Vereinbarkeit von Beruf und Privatleben leisten.
- **Festlegen von Prioritäten für Ressourcen zur psychischen Gesundheit:** Für Mitarbeiter, die unter Burnout oder anderen psychischen Problemen leiden, kann der Zugang zu leicht zugänglichen Angeboten zur psychischen Gesundheit vor Ort von großem Nutzen sein.

Eine Neudefinition der Produktivität kann dazu beitragen, unnötigen Druck abzubauen und eine bessere Arbeitsatmosphäre zu schaffen, indem man das Paradigma der „Beschäftigung" meidet und mehr Wert auf Ergebnisse, qualitativ hochwertige Arbeit und effektive Zeitnutzung legt.

Durch Investitionen in Programme und Maßnahmen zum Wohlbefinden der Mitarbeiter können die Burnout-Raten erheblich gesenkt werden. Beispiele für solche Programme und Initiativen sind Stressbewältigungsseminare, Achtsamkeitstraining und Kampagnen für einen gesunden Lebensstil.

Selbstermächtigung und Ermächtigung anderer

Sie tun sich nicht nur selbst einen Gefallen, indem Sie dem Burnout entgehen, sondern Sie gehen auch mit gutem Beispiel voran. Sie ermutigen die Menschen um Sie herum, ihr Wohlbefinden an erste Stelle zu setzen, Grenzen zu setzen und eine gute Work-Life-Balance aufrechtzuerhalten.

Stellen Sie sich vor, Sie arbeiten in einem Umfeld, in dem Burnout eher die Ausnahme als die Regel ist. Ein Umfeld, in dem Mitarbeiter zu Höchstleistungen motiviert sind, weil sie sich respektiert, bestärkt und wertgeschätzt fühlen. Wir können dieses Ziel erreichen, aber dazu brauchen wir Teamarbeit.

Der 5-Schritte-Wechsel des Buches dient als Sprungbrett und Werkzeug, um die Kontrolle über Ihr Wohlbefinden zurückzugewinnen. Um Burnout in Zukunft zu verhindern, muss jedoch sowohl bei den Menschen als auch bei den Organisationen ein größerer mentaler Wandel stattfinden. Wir können eine Gesellschaft aufbauen, in der die Arbeit uns stärkt, anstatt uns aufzuzehren, wenn wir die Initiative ergreifen, uns für Veränderungen einsetzen und der psychischen Gesundheit eine hohe Priorität einräumen.

Lassen Sie uns gemeinsam den Kreislauf des Burnouts durchbrechen, unsere Begeisterung neu entfachen und eine Zukunft schaffen, in der unser Wohlbefinden gedeiht.

Teil 1: Die Phase der Erkenntnis – Von der Verleugnung zur Erkenntnis

Kapitel 1

Sind Sie ausgebrannt? Erkennen Sie die Warnzeichen.

Die endlosen Zahlenreihen der Tabelle, die zu einem langweiligen Meer aus Schwarz und Weiß verschmolzen, quälten mich. Normalerweise waren meine Finger auf der Tastatur schnell und präzise, aber sie schienen schwere Gewichte zu sein, und jeder Tastenanschlag hallte mit einem dumpfen Knall durch den sonst so ruhigen Arbeitsplatz. Die Neonröhren piepten um drei Uhr morgens ununterbrochen und spiegelten die ruhelose Energie wider, die in mir gefangen war. Trockene Donuts und kalter Kaffee sorgten für eine weitere lange Nacht. Solche Vorfälle hatte es schon früher gegeben, und ich hatte das ungute Gefühl im Magen, dass es nicht der letzte sein würde.

Bis vor einem Jahr hatte mich die Welt der Steuergesetze und Zahlen noch einigermaßen gereizt. Die Freude an einer gut bilanzierten Bilanz und die Aufgabe, komplizierte Finanzkonten zu entziffern, waren die Dinge, die mein Interesse an der Buchhaltung geweckt hatten. Nach einem ganzen Jahr war das Licht zu einem Schwelen verkommen und konnte die große Leere, die ich in mir verspürte, kaum durchdringen.

Meine Tage waren ein endloser Nebel aus Kundenbesprechungen, Fristen und E-Mails. Abends, die ich immer für meine Familie geschätzt hatte, verbrachte ich nun damit, Arbeit nachzuholen, während das Licht des Laptops mir beim Abendessen als ständiger Begleiter diente. Die begeisterten Gespräche meiner Tochter über ihre Schulleistungen und die ängstlichen Sorgen meines Sohnes über sein bevorstehendes Fußballspiel gingen in meiner ständigen mentalen Checkliste unter. Der nie endende Druck, bei der Arbeit gute Leistungen zu erbringen, hat die Freude an der Elternschaft überlagert, die mir zuvor große Befriedigung verschafft hatte.

Ich war sowohl körperlich als auch geistig erschöpft. Ich ging nicht mehr regelmäßig ins Fitnessstudio. An die Stelle gesunder Mahlzeiten traten schnelle Mahlzeiten für unterwegs, die meinen erschöpften Körper noch verstärkten, anstatt ihn zu stärken. Schlaf, dieses schwer fassbare Paradies, wurde zu einem teuren Luxus. Nächte wurden zu Tagen und die einst so strahlende Begeisterung, die mein Leben am Laufen hielt, hatte sich in eine allgegenwärtige, unterschwellige Angst verwandelt.

Während einer besonders anstrengenden Woche wurde mir klar, dass ich ausgebrannt war, nachdem ich wieder ein Fußballspiel verpasst hatte und mit meiner Frau ein emotionales Gespräch über meine häufigen Abwesenheiten führen musste. Ich empfinde nicht mehr das gleiche Maß an Leidenschaft, Hingabe oder schlichter Freude an meiner Arbeit; stattdessen fühle ich mich emotional erschöpft und mein Zynismus wächst.

Das Problem ist jedoch, dass meine Geschichte nicht originell ist. Ich bin einer von Millionen Buchhaltern, die in die Burnout-Falle tappen. Jüngsten Forschungsergebnissen zufolge leidet ein erstaunlicher (hier bitte eine konkrete Zahl zum Thema Burnout einfügen, die auf Buchhalter zutrifft) Prozentsatz von Buchhaltern an Burnout-Symptomen. Diese Zahlen sind mehr als nur Zahlen; sie sind echte Menschen, genau wie ich, die mit lähmenden Gefühlen emotionaler Erschöpfung, Zynismus gegenüber ihrem Job und einem verheerenden Gefühl der Unzulänglichkeit zu kämpfen haben.

Glücklicherweise ist Burnout kein Todesurteil. Es ist ein Hinweis, ein Warnsignal, dass sich etwas ändern muss. Doch bevor wir uns auf den Weg der Genesung begeben, ist es wichtig, die Warnsignale zu erkennen, die kleinen Murmeln, die, wenn sie ignoriert werden, lauter und intensiver werden.

Die Frühwarnzeichen eines Burnouts, die Sie nicht ignorieren sollten

Ein Burnout tritt nicht plötzlich auf. Es ist ein langsames Abgleiten in körperliche und emotionale Erschöpfung. Im Folgenden sind einige Frühwarnindikatoren aufgeführt, auf die Sie achten sollten:

Burnout ist durch emotionale Erschöpfung gekennzeichnet. Müdigkeit ist eine tiefsitzende emotionale Erschöpfung, die über körperliche Erschöpfung hinausgeht. Sie haben möglicherweise ein anhaltendes Gefühl der Unruhe, emotionalen Taubheit und Angst. Die Freude, die Sie früher an Ihrer Arbeit hatten, ist verschwunden und durch Gleichgültigkeit und Desinteresse ersetzt worden.

1. **Zynismus und Distanz:** Ihre einst so sprudelnde Leidenschaft für Ihren Job beginnt zu verblassen. Zeitpläne werden zu Verantwortungen und Kollegen fühlen sich eher wie Rivalen denn wie Partner an. Der Funke der Verbundenheit mit Ihrem Job erlischt, wenn Sarkasmus und Negativität in Ihre Gespräche einsickern.
2. **Vermindertes Erfolgserlebnis:** Selbst nach langen Arbeitszeiten und großen Anstrengungen fühlt man sich nicht mehr so erfolgreich. Kleine Fehltritte erscheinen wie große Misserfolge und Selbstzweifel verfolgen einen überall. Eine verzerrte Fähigkeit, die eigenen Leistungen objektiv einzuschätzen, führt zu einem verminderten Selbstwertgefühl und Selbstvertrauen.
3. **Änderungen der Arbeitsgewohnheiten:** Burnout kann Verhaltensänderungen bei der Arbeit verursachen. Sie bemerken vielleicht, dass Sie Aufgaben aufschieben, die Sie früher immer sofort erledigt haben. Die Liebe zum Detail, die früher ein Grund zum Stolz war, kann nachlassen, was zu Fehlern und verpassten Terminen führt. Am Ende könnte sich das

Problem noch verschlimmern, wenn Sie auf ungesunde Bewältigungsstrategien zurückgreifen, wie z. B. durch Pausen hindurch zu arbeiten oder lange aufzubleiben.
4. **Körperliche symptome:** Burnout ist nicht nur ein emotionales Problem. Zahlreiche körperliche Symptome, darunter Kopfschmerzen, Muskelverspannungen, Verdauungsprobleme und Schlafstörungen, können die Folge sein. Selbst wenn Sie ausreichend schlafen, haben Sie möglicherweise das Gefühl, ständig gegen Erschöpfung anzukämpfen. Da Ihr Immunsystem geschwächt ist, werden Sie anfälliger für Krankheiten.
5. **Veränderungen im persönlichen Leben:** Burnout hat emotionale Folgen, die sich auf Ihr Privatleben auswirken. Sie nehmen möglicherweise nicht mehr an gesellschaftlichen Veranstaltungen teil und beginnen, Ihre Beziehungen zu Freunden und Familie zu vernachlässigen. Wenn die Geduld nachlässt, kommt es häufiger zu Meinungsverschiedenheiten mit nahestehenden Personen. Ihr Sexualleben kann unter anhaltendem Stress leiden, was auch Gefühle der Einsamkeit und Isolation verstärken kann.

Über die Aufzählung hinaus: Erkennen Sie Ihre persönliche Burnout-Geschichte

Dies ist zwar ein guter Ausgangspunkt, aber denken Sie daran, dass jeder Burnout anders erlebt. Achten Sie auf Ihre inneren Indikatoren, die winzigen Veränderungen

Ihrer Stimmung, Ihres Verhaltens und Ihrer körperlichen Gesundheit. Hier sind einige Ideen, die Ihnen helfen, über sich selbst nachzudenken:

- Wie ist Ihre Stimmung normalerweise am Montagmorgen? Freuen Sie sich auf die nächste Woche oder sind Sie besorgt?
- Überprüfen Sie Ihre geschäftlichen E-Mails häufig, sogar am Wochenende und abends?
- Inwieweit sagen Sie „Nein" zu Anfragen oder Mehrarbeit?
- Wann haben Sie bei Ihrer Arbeit das letzte Mal das Gefühl gehabt, etwas erreicht zu haben?
- Wie ist Ihre Schlafqualität derzeit? Sind Sie ständig müde oder wachen Sie erholt auf?
- Haben sich Ihre Essgewohnheiten oder Ihr Appetit in irgendeiner Weise verändert?
- Wie ist der Stand Ihrer Freundschaften und familiären Beziehungen? Gibt es eine emotionale Präsenz zwischen Ihnen und ihnen?

Das Schweigen brechen: Burnout diskutieren

Unwissenheit fördert Burnout. Wir halten uns oft zurück, über unsere Schwierigkeiten zu sprechen, weil wir Angst vor Kritik haben oder als desinteressiert gelten. Sich seine Erschöpfung einzugestehen ist jedoch der erste Schritt zur Genesung. Sprechen Sie mit einem zuverlässigen Familienmitglied, Freund oder Kollegen. Ziehen Sie in Erwägung, sich von einem Therapeuten helfen zu lassen, der Ihnen Bewältigungsmechanismen und -techniken für den Umgang mit Stress und Burnout beibringen kann.

Insbesondere Buchhalter sollten darüber nachdenken, Berufsverbänden beizutreten, die ihren Mitgliedern Ressourcen und Hilfe anbieten, wenn sie ausgebrannt sind. In Online-Foren oder Selbsthilfegruppen können Sie möglicherweise mit Kollegen in Kontakt treten, die sich der besonderen Schwierigkeiten Ihres Berufsfeldes bewusst sind.

Denken Sie daran, dass Burnout eher ein Aufruf zum Handeln als ein Ehrenzeichen ist. Sie kümmern sich nicht nur um sich selbst, wenn Sie die Warnsignale erkennen und sich zu Wort melden; Sie verbreiten auch Bewusstsein und schaffen ein ermutigenderes und gesünderes Arbeitsumfeld für sich und Ihre Kollegen. Im nächsten Kapitel werden wir uns eingehender mit den zugrunde liegenden Ursachen für Burnout befassen und die Elemente untersuchen, die zu dieser aktuellen Pandemie beitragen. Wir werden auch damit beginnen, die erste Phase des 5-Phasen-Shifts zu analysieren, in der es darum geht, Ihre Denkweise neu auszurichten. Dies ist eine wichtige Phase, da sie Ihnen die Fähigkeiten vermittelt, eine widerstandsfähigere und optimistischere Denkweise zu entwickeln und den negativen Denkmustern entgegenzutreten, die zu Burnout führen.

Unterbewusste Signale: Erkennen körperlicher und emotionaler Hinweise.

Es ist wichtig, bei der Erkennung eines Burnouts genau auf die subtilen Anzeichen Ihres Körpers und Geistes zu achten, auch wenn die Liste im vorhergehenden Abschnitt einen grundlegenden Rahmen bietet. Diese unterschwelligen Hinweise können aufschlussreiche Informationen über Ihren emotionalen Zustand und etwaige Burnout-Tendenzen liefern.

Hier sind einige wichtige Aspekte, auf die Sie achten sollten:

- ✓ **Wahrnehmungserlebnisse:** Körperliche Anzeichen von Stress und Burnout sind Kopfschmerzen, Bauchschmerzen, Muskelverspannungen und Erschöpfung. Achten Sie auf Veränderungen oder Trends in Ihrem körperlichen Gesundheitszustand. Verschlechtert sich Ihre Schlafqualität? Kämpfen Sie ständig mit Magenproblemen? Dies könnten Signale des Körpers sein, „langsamer zu machen".
- ✓ **Emotionale Veränderungen:** Eine kleine Veränderung Ihres emotionalen Grundniveaus ist ein häufiges Anzeichen für Burnout. Sind Sie leichter aufgeregt oder frustriert? Fällt es Ihnen schwer, sich glücklich oder aufgeregt zu fühlen,

als wären Sie emotional distanziert? Achten Sie auf Ihr emotionales Terrain.
- ✓ **Verhaltensänderungen:** Unsere Handlungen können ein wirksames Fenster zu unserem inneren Zustand sein. Verschieben Sie Aufgaben, die Sie früher schnell erledigt haben? Stellen Sie oft fest, dass Ihre bevorzugten Bewältigungsstrategien zur Stressbewältigung ungesunde Mittel wie Alkohol oder Koffein sind? Nehmen Sie nicht mehr an gesellschaftlichen Veranstaltungen teil oder haben Sie frühere Interessen aufgegeben? Diese Verhaltensänderungen können Warnsignale für Erschöpfung sein.

Sie können viel über Ihren Stresspegel und Ihre Burnout-Tendenzen erfahren, indem Sie auf diese unterbewussten Signale achten. Diese Selbstwahrnehmung gibt Ihnen die Möglichkeit, proaktiv Maßnahmen zu ergreifen, um Stress zu kontrollieren und Burnout zu vermeiden.

Verhaltensänderungen: Wenn die Produktivität sinkt und die Motivation schwindet.

Können Sie sich noch an den Stolz erinnern, den Sie verspürten, als Sie eine anspruchsvolle Steuererklärung ausgefüllt oder eine Bilanz sorgfältig ausgeglichen hatten? Ein Burnout kann Ihnen dieses Gefühl nehmen. Wenn ein Burnout eintritt, kann sich Ihr Verhalten bei der Arbeit wie folgt ändern:

1. **Schluss mit dem Aufschieben:** Aufgaben, die früher schwer zu erledigen waren, werden zu unüberwindbaren Hindernissen. Sie stellen fest, dass Sie Dinge aufschieben, Termine verpassen und Probleme haben, konzentriert zu bleiben.
2. **Qualität wird vernachlässigt:** Die akribische Liebe zum Detail, die Ihre Arbeit früher auszeichnete, beginnt zu verblassen. Es passieren Fehler, Abgabetermine werden übersehen und die Qualität Ihrer Arbeit lässt nach. Abkürzungen zu nehmen und schlechtere Leistungen zu erbringen, kann aufgrund des Drucks, immer auf dem Laufenden zu bleiben, zu einem Teufelskreis werden.
3. **Präsentismus statt Produktivität:** Möglicherweise bleiben Sie bis

spät in die Nacht bei der Arbeit, vielleicht nicht, weil Sie eine größere Belastung haben, sondern weil Sie sich nicht konzentrieren können oder Angst haben, in Verzug zu geraten. Doch dieser „Präsentismus" geht nicht mit echter Produktivität einher. Ihre Fähigkeit, Aufgaben zu erledigen, könnte durch ein Burnout beeinträchtigt sein, das Sie emotional und kognitiv erschöpft fühlen lassen kann.
4. **Engagement lässt nach:** Sie sind bei Gesprächen und Besprechungen am Arbeitsplatz nicht mehr so begeistert. Möglicherweise stellen Sie fest, dass Sie sich weniger an Gesprächen beteiligen, kaum oder gar nichts beitragen oder das Interesse an Dingen verlieren, für die Sie früher große Begeisterung hatten.
5. **Verstärkte Konflikte:** Zunehmende Gereiztheit und Jähzorn sind zwei Anzeichen dafür, dass ein Burnout emotionale Folgen hat. Die Beziehungen zu den Kollegen verschlechtern sich, was zu Konflikten führt und eine stressigere Arbeitsatmosphäre schafft.

Diese Verhaltensänderungen sind Anzeichen dafür, dass Sie sich um Ihr Wohlbefinden kümmern müssen, und kein Spiegelbild Ihrer Fähigkeiten. Durch die Identifizierung dieser Veränderungen können Sie

Burnout proaktiv bekämpfen und Ihren Antrieb und Ihre Produktivität zurückgewinnen.

Selbstreflexion

1. Emotionale Müdigkeit: Denken Sie an Ihr allgemeines Vitalitätsniveau. Fühlen Sie sich selbst nach ausreichend Schlaf immer emotional und körperlich erschöpft? Wie oft fühlen Sie sich Ihrer Arbeit gegenüber distanziert oder zynisch?

2. Vermindertes Erfolgserlebnis: Denken Sie daran, wie gut Sie in letzter Zeit bei der Arbeit waren. Fällt es Ihnen selbst nach Abschluss von Aktivitäten schwer, Erfolgserlebnisse zu erleben? Wie fühlen Sie sich in letzter Zeit? Zweifeln Sie häufiger an Ihren Fähigkeiten?

3. Änderungen der Arbeitsgewohnheiten: Denken Sie über Ihre Arbeitsgewohnheiten nach. Haben Sie Veränderungen in Ihrer Konzentration oder Detailorientierung bemerkt? Fällt es Ihnen schwerer, Termine einzuhalten oder Dinge aufzuschieben? Inwiefern hat sich Ihre Kommunikation mit Kollegen verändert?

4. Körperliche Symptome: Achten Sie auf die Signale, die Ihr Körper Ihnen sendet. Leiden Sie häufig unter Kopfschmerzen, Muskelverspannungen oder Magenproblemen? Hat sich Ihre Schlafqualität in letzter Zeit verschlechtert?

5. Veränderungen im Privatleben: Denken Sie über Ihre Freundschaften und familiären Bindungen nach. Haben Sie aufgehört, sich früher geliebten Freizeitbeschäftigungen oder gesellschaftlichen Aktivitäten zu widmen? Haben Sie manchmal das Gefühl, dass Sie keine emotionale Bindung zu Ihren Lieben aufbauen können?

Transformative Übungen

1. Tagebuchschreiben zur Entwicklung des Selbstbewusstseins: Nehmen Sie sich eine Woche lang täglich 15 Minuten Zeit, um Tagebuch zu schreiben. Dokumentieren Sie den ganzen Tag über Ihre Gefühle, Gedanken und körperlichen Erfahrungen. Achten Sie auf wiederkehrende Muster, die auf Stress oder sogar Burnout hinweisen könnten.

2. Die Energiebilanz: Behalten Sie eine Woche lang Ihren Energielevel im Tagesverlauf im Auge. Bewerten Sie Ihr Energielevel auf einer Skala von 1 bis 10, wobei 10 das höchste Energielevel darstellt. Bestimmen Sie, welche Aktivitäten Ihnen mehr Energie geben und welche Ihnen Energie rauben. Dies wird Ihnen dabei helfen, Ihren Arbeitstag planmäßig zu gestalten und Aufgaben, die Ihr Energielevel erhöhen, Priorität einzuräumen.

3. Die Dankbarkeits-Challenge: Richten Sie Ihre Aufmerksamkeit auf das Gute in Ihrem Leben. Machen Sie vor dem Schlafengehen eine Liste der drei Dinge, für die Sie jeden Tag dankbar sind. Diese Übung kann helfen, den Pessimismus zu bekämpfen, der mit einem

Burnout einhergeht, und eine positivere Denkweise zu fördern.

4. Die digitale Entgiftung: Planen Sie jeden Tag bestimmte Zeiträume ein, in denen Sie elektronische Geräte abschalten. Schalten Sie die Alarme auf Ihrem Telefon aus und widerstehen Sie der Versuchung, geschäftliche E-Mails zu lesen, wenn Sie eigentlich nicht arbeiten sollten. Dadurch fühlen Sie sich entspannter, schlafen besser und erleben weniger Stress.

5. Bauen Sie wieder Bindungen zu Ihren Lieben auf: Planen Sie freudige Aktivitäten mit Ihrer Familie und Ihren Freunden. Knüpfen Sie neue Kontakte zu den Menschen, die Sie lieben und die Ihre Stimmung heben. Die Pflege sozialer Kontakte kann ein sehr effektiver Weg sein, um Burnout vorzubeugen und Ihre allgemeine Gesundheit zu verbessern.

Kapitel 2

Die Buchhalterfalle: Branchenspezifische Burnout-Auslöser.

„Wir brennen nicht aus, wir ertrinken." – Dr. Christina Maslach, führende Burnout-Forscherin

Burnout kommt nicht nur in bestimmten Berufen vor. Menschen aus allen Lebensbereichen, darunter Pädagogen, Mediziner, Krankenpfleger, Künstler und Unternehmer, können seinem unerbittlichen Einfluss erliegen. Allerdings bieten andere Berufe aufgrund ihrer Anforderungen und Belastungen besondere Bedingungen für die Entstehung von Burnout.

In diesem Kapitel geht es um die „Buchhalterfalle" und untersucht die branchenspezifischen Elemente, die bei Fachkräften, die in einem Umfeld mit hohem Druck wie in der Buchhaltung arbeiten, zum Burnout führen.

Die Verlockung und der Druck: Das zweischneidige Schwert des Buchhalters

Die Buchhaltungsbranche kann sehr erfüllend sein. Ein Gefühl von Erfolg und beruflicher Erfüllung kann aus der intellektuellen Herausforderung resultieren, sich mit ständig wechselnden Gesetzen auseinanderzusetzen, aus der Freude am Lösen komplizierter Probleme und aus der akribischen Genauigkeit, die für eine korrekte Finanzberichterstattung erforderlich ist. Die Welt der Zahlen hat für viele Buchhalter einen besonderen Reiz, da sie Stabilität und Ordnung in einer sonst chaotischen Umgebung bietet.

Die gleichen Eigenschaften, die Menschen in die Buchhaltung ziehen, können jedoch auch zu Burnout führen. Chronischer Stress ist das Ergebnis der ständigen Notwendigkeit, mit komplizierten Regeln auf dem Laufenden zu sein, des unermüdlichen Strebens nach Korrektheit und des anhaltenden Drucks von Fristen. Hier ist ein genauerer Blick auf einige der Hauptursachen für Burnout im Buchhaltungssektor (sowie in anderen Berufen mit hohem Stress):

1. Die Deadline-Tyrannei: Ein unverzichtbarer Teil der Arbeit eines Buchhalters ist die Einhaltung von Fristen. Aufgrund der Steuersaison, der Prüfungsfristen und der Berichtspflichten gegenüber Kunden herrscht ein ständiges Gefühl der Anspannung. Lange Arbeitszeiten, fehlende Pausen und eine Verwischung der Grenzen zwischen Arbeit und Privatleben sind alles Folgen dieser ständigen Anspannung.

2. Der Kult der Genauigkeit: Ein einziger Fehler oder ein fehlender Dezimalpunkt in einer Finanzaufstellung kann schwerwiegende Folgen haben. Diese extreme Detailgenauigkeit kann unbeabsichtigte Folgen haben. Sie fördert zwar die sorgfältige Detailgenauigkeit, kann aber auch Angst, Perfektionismus und Versagensängste hervorrufen.

3. Die Informationsflut: Es werden ständig neue Regeln, Steuergesetze und Berichtspflichten eingeführt, was zu einer sich ständig ändernden Buchhaltungsumgebung führt. Es kann schwierig sein, mit dieser Informationsflut Schritt zu halten, was zu Gefühlen der Unzulänglichkeit und der Angst führen kann, den Anschluss zu verlieren.

4. Verlängerte Arbeitszeiten und minimale Pausen: Die „Always-on"-Mentalität, die in vielen Organisationen vorherrscht, ist besonders schädlich für den Buchhaltungssektor. Lange Arbeitszeiten können zur Norm werden, insbesondere in arbeitsreichen Zeiten des Jahres, sodass kaum Zeit für Selbstfürsorge, Erholung und Freizeit bleibt. Der Druck, immer erreichbar zu sein, kann am Ende zu Burnout sowie einem Ungleichgewicht zwischen Arbeit und Privatleben führen.

5. Mangelnde Kontrolle und Autonomie: Buchhalter sind oft hin- und hergerissen zwischen externen Vorschriften, dem Druck interner Vorgesetzter und den Erwartungen der Kunden. Diese Unfähigkeit, ihren Zeitplan und ihre Arbeitsbelastung zu managen, kann eine Hauptursache für Spannungen und Ärger sein.

6. **Abnehmende Belohnungen:** Während die Liebe zu Zahlen und Problemlösungen den Beruf des Buchhalters in seinen Anfangsphasen antreiben kann, kann eine langfristige Betonung von Fristen und Compliance das intrinsische Belohnungssystem beeinträchtigen. Angst und Burnout können durch die Monotonie vieler Jobs und die mangelnde Wertschätzung für sorgfältige Arbeit noch verstärkt werden.

Die „Always-on"-Mentalität kann durch technologische Verbesserungen verstärkt werden, die auch für Effizienz und vereinfachte Abläufe sorgen können. Es kann schwierig sein, richtig abzuschalten und neue Kraft zu tanken, wenn Arbeit und Privatleben durch den sofortigen Zugriff auf E-Mails und berufliche Materialien verschwimmen.

Über die Buchhaltung hinaus: Die universellen Auslöser erkennen

Die Buchhalterfalle war das Thema dieses Kapitels, aber es gibt auch andere Faktoren, die zu Burnout führen, die für alle Berufe relevant sind. Diese Belastungen können jeden treffen, der in einem Umfeld mit hohem Druck und Termindruck arbeitet, wie etwa Lehrer, Ärzte, Anwälte oder Ingenieure. Im Folgenden sind einige häufige Auslöser aufgeführt, auf die Sie achten sollten:

- **Kontinuierlicher Wandel und Unsicherheit:** Der moderne Arbeitsplatz ist durch

einen ständigen Wandel und Unsicherheit gekennzeichnet. Übernahmen, Fusionen, Veränderungen in der Wirtschaft und technologische Fortschritte können das Gefühl der Unvorhersehbarkeit und Unsicherheit verstärken.
- **Fehlende Work-Life-Balance:** Burnout wird häufig durch den Druck verursacht, „immer erreichbar" zu sein, und durch die Vermischung von Arbeit und Privatleben. Wenn die Arbeit die ganze Zeit in Anspruch nimmt, bleibt weniger Zeit für Selbstfürsorge, Freizeit und die Pflege von Kontakten außerhalb der Arbeit.
- **Mangelnde Anerkennung und Wertschätzung:** Einer der größten Demotivatoren ist das Gefühl, nicht wertgeschätzt und abgewertet zu werden. Gefühle wie Zynismus und vermindertes Interesse können die Folge sein, wenn Ihre Bemühungen und Hingabe ignoriert werden.
- Giftiges Arbeitsumfeld: Negative Zusammenarbeit, klatschsüchtige Kollegen und ein nicht unterstützendes Management können zu einem toxischen Arbeitsplatz führen, der Stress und Burnout erheblich erhöht.

Aus der Falle ausbrechen: Strategien zum Aufbau von Resilienz

Es ist wichtig, die besonderen Auslöser zu erkennen, die in Ihrem Berufsfeld zu Burnout führen. Dies ist ein wichtiger erster Schritt bei der Bekämpfung von Burnout. Aber Macht ist nur dann Wissen, wenn es mit Handeln kombiniert wird. Im Folgenden finden Sie einige Methoden, um den Widerstand zu erhöhen und die Auswirkungen bestimmter Auslöser zu verringern:

- **Grenzen setzen und Selbstfürsorge oberste Priorität einräumen:** Wissen Sie, wann Sie „Nein" zu mehr Arbeit sagen müssen, wenn Sie bereits genug zu tun haben. Planen Sie Ihre Pausen während des Tages und halten Sie sie ein. Machen Sie Schlaf, eine gute Ernährung und Bewegung zu Ihren obersten Prioritäten. Nehmen Sie sich Zeit für Interessen und Freizeitbeschäftigungen, die Ihnen Freude und Vergnügen bereiten.
- **Bauen Sie Ihre Zeitmanagementfähigkeiten auf:** Erlernen Sie die Fähigkeit, Aufgaben zu delegieren und Prioritäten zu setzen. Setzen Sie sich selbst angemessene Fristen und lernen Sie, Ihre Aufgaben effizient zu verwalten.
- **Akzeptieren Sie kontinuierliches Lernen:** Auch wenn jederzeit eine Fülle an Wissen verfügbar ist, sehen Sie es als Chance zur beruflichen Weiterentwicklung. Konzentrieren Sie sich auf den Erwerb neuer Fähigkeiten, die Ihre Beschäftigungschancen verbessern und Ihre Begeisterung für das Fachgebiet neu entfachen.
- **Hilfe suchen und Kontakte knüpfen:** Ertragen Sie Härten nicht im Stillen. Besprechen Sie Ihre Schwierigkeiten mit einem Therapeuten, Mentor, Freund oder zuverlässigen Kollegen. Der Aufbau enger Beziehungen am Arbeitsplatz kann

Mitarbeitern ein Gefühl von Unterstützung und Zugehörigkeit vermitteln, was zu einem glücklicheren Arbeitsplatz beiträgt.
- **Änderungsvorschlag:** Wenn in Ihrem Unternehmen übermäßige Arbeitszeiten, eine unangenehme Arbeitsatmosphäre oder mangelnde Kontrolle zu Burnout führen, sollten Sie darüber nachdenken, Änderungen vorzuschlagen. Um ein Bewusstsein dafür zu schaffen und Änderungen zu fordern, sprechen Sie mit Ihrem Management, schließen Sie sich Mitarbeiterressourcengruppen an oder nehmen Sie an Unternehmensumfragen teil.
- **Ändern Sie Ihre Perspektive:** Überwinden Sie selbstzerstörerische Gedanken und entwickeln Sie eine belastbarere und hoffnungsvollere Denkweise. Achten Sie auf Ihre Erfolge, erkennen Sie Ihre Triumphe an und genießen Sie sie, und entwickeln Sie Dankbarkeit für die positiven Aspekte Ihrer Arbeit.

Diese Taktiken können trotz ihrer scheinbaren Einfachheit die negativen Auswirkungen von Burnout-Auslösern erheblich reduzieren und eine sinnvollere und nachhaltigere Karriere fördern.

Der Weg zur Genesung beginnt hier

Es ist nicht notwendig, für immer mit Burnout zu leben. Sie können Resilienz entwickeln und der Buchhalterfalle (oder jeder anderen berufsspezifischen Burnoutfalle) entgehen, indem Sie die einzigartigen Auslöser in Ihrem Berufsfeld verstehen und die oben genannten Lösungen in die Praxis umsetzen.

Denken Sie daran, dass es eher ein Zeichen von Stärke als von Schwäche ist, wenn Sie Ihre Gesundheit an erste Stelle setzen. Wenn Sie auf sich selbst achten, sind Sie besser in der Lage, arbeitsbedingten Stress zu bewältigen, einen wertvollen Beitrag für Ihr Unternehmen zu leisten und schließlich ein zufriedeneres und ausgeglicheneres Leben zu führen.

Anspruchsvolle Termine und Leistungsdruck.

Deadlines sind eine Tatsache im Berufsleben, aber in manchen Berufen verwandeln sie sich in despotische Despoten. Burnout in vielen Unternehmen wird meist durch den ständigen Druck verursacht, Ergebnisse innerhalb strenger Fristen zu liefern.

Diese Fristen können folgende negative Auswirkungen auf Ihr Wohlbefinden haben:

1. **Chronische Sorgen:** Aufgrund der drohenden Gefahr, Termine zu verpassen, herrscht ständig

unterschwellige Sorge. Chronischer Stress kann sich nachteilig auf Ihr körperliches und geistiges Wohlbefinden auswirken und zu Sorgen, Schlaflosigkeit und Konzentrationsschwierigkeiten führen.
2. **Entscheidungsmüdigkeit:** Wenn Sie ständig mit Fristen bombardiert werden, müssen Sie spontane Entscheidungen treffen. Dies kann zu Entscheidungsmüdigkeit führen, die Ihr Urteilsvermögen beeinträchtigt und die Wahrscheinlichkeit von Fehlern erhöht.
3. **Ungleichgewicht zwischen Arbeit und Privatleben:** Es kommt häufig vor, dass man seine Freizeit aufgibt, um Termine einzuhalten. Die Work-Life-Balance gerät in Gefahr, wenn Wochenend- und Nachtarbeit zur Norm wird. Dieses Ungleichgewicht kann zu Feindseligkeit, Müdigkeit und schließlich Burnout führen.
4. **Verminderte Kreativität:** Der Zwang, „Dinge fertig zu bekommen", hemmt manchmal die Originalität. Im wilden Wettlauf um die Einhaltung von Fristen ist es schwierig, kreativ zu denken oder Probleme zu lösen.

Der Deadline-Tyrannei entkommen

Obwohl Fristen unvermeidlich sind, müssen sie sich nicht negativ auf Ihr Wohlbefinden auswirken. Die folgenden Techniken können Ihnen dabei helfen, Fristen effizient zu handhaben und die dadurch verursachte Anspannung zu verringern:

- **Setzen Sie gnadenlose Prioritäten:** Nicht alle Termine sind gleich. Entwickeln Sie eine strategische Aufgabenpriorisierung, indem Sie sich zuerst auf die wichtigsten konzentrieren.
Kommunizieren Sie proaktiv: Wenn Sie Schwierigkeiten bei der Einhaltung einer Frist erwarten, zögern Sie nicht, dies mit Vorgesetzten, Kunden oder Kollegen zu besprechen. Frühzeitige Kommunikation führt oft zu Änderungen oder Verlängerungen, die den Stress in letzter Minute verringern.
Große Aufgaben aufteilen: Große Aufgaben mit bevorstehenden Fristen können einschüchternd wirken. Teilen Sie komplizierte Aufgaben in kleinere, leichter zu bewältigende Abschnitte auf. Dies fördert das Gefühl des Fortschritts und lässt den Prozess weniger überwältigend erscheinen.
Setzen Sie sich sinnvolle Ziele: Erkennen Sie Ihre eigenen Grenzen ehrlich. Das Setzen anspruchsvoller, aber erreichbarer Fristen kann Ihr Selbstvertrauen stärken und die Möglichkeit verringern, dass Sie sich überfordert fühlen.
Umleitungen planen: Widerstehen Sie der Versuchung, ununterbrochen zu arbeiten. Planen

Sie im Laufe des Tages häufige Pausen ein, um Ihrem Geist Ruhe zu gönnen und neue Energie zu tanken.

Wenn Sie diese Taktiken in die Praxis umsetzen, können Sie Deadlines von einem stressigen Grund für Angst in etwas verwandeln, das Sie bewältigen können. Der Begriff der Kontrolle wird im nächsten Unterkapitel besprochen, zusammen mit der Frage, wie die Wiederherstellung Ihrer Handlungsfähigkeit Ihnen dabei helfen kann, mit den Anforderungen Ihres Berufsfeldes umzugehen.

Genauigkeit aufrechterhalten: Die mentale Belastung ständiger Wachsamkeit.

Stellen Sie sich vor, Sie wären ein Feuerwehrmann, der immer über den Horizont nach dem nächsten Feuer Ausschau hält. Obwohl diese ständige Wachsamkeit in ihrer Absicht lobenswert ist, würde sie Ihre geistige Ausdauer schnell erschöpfen. Das Streben nach ständiger Präzision unter Druck basiert auf derselben Idee. Wir erliegen der „Genauigkeitsfalle", in der die sorgfältige Beachtung von Details trotz ihrer Wichtigkeit zu einer Ursache für langfristigen Stress und Ermüdung wird.

Die Genauigkeitsfalle sieht folgendermaßen aus:

Mikromanagement und Überarbeitung: Die Angst, einen Fehler zu machen, kann dazu führen, dass man alles bis ins kleinste Detail regelt, was letztlich die Produktivität mindert und die Belastung erhöht.

Analyse-Lähmung: Der Stress, alles perfekt machen zu müssen, kann zu einer Analyselähmung führen, die Ihre Fähigkeit zu schnellen Urteilen beeinträchtigt.

Reduzierte Kreativität: Spontaneität und originelle Problemlösungen sind schwer zu erreichen, wenn jeder Schritt sorgfältig geplant und ausgeführt wird.

Raus aus der Genauigkeitsfalle Delegation und Priorisierung

Die gute Nachricht ist, dass Sie Ihre mentale Energie zurückgewinnen und der Genauigkeitsfalle entkommen können. Hier sind ein paar nützliche Hinweise:

- **Setzen Sie konsequent Prioritäten:** Unterschiedliche Aufgaben erfordern unterschiedliche Inspektionsstufen. Erkennen Sie die Unterschiede zwischen alltäglichen Aufgaben, die mit etwas weniger kritischem Blick erledigt werden können, und wichtigen Aufgaben, die sorgfältige Aufmerksamkeit erfordern. Setzen Sie gnadenlose Prioritäten und konzentrieren Sie Ihre ganze Aufmerksamkeit auf Aufgaben mit großer Wirkung.
- **Akzeptieren Sie den Einfluss von „Gut genug":** Obwohl das Streben nach Perfektion bewundernswert ist, zwingt der Zeitdruck in der Realität oft zu einer anderen Vorgehensweise. Erkennen Sie, wann „gut genug" wirklich ausreicht. Dies bedeutet, der anstehenden Arbeit die nötige Aufmerksamkeit zu widmen, anstatt die Qualität zu opfern.
- **Bei Bedarf zuweisen:** Geben Sie Aufgaben ohne zu zögern an Kollegen oder Teammitglieder weiter, die über die erforderlichen Fähigkeiten verfügen. Die Mikroverwaltung jedes Aspekts kann nicht nur erschöpfend sein, sondern auch den Fortschritt Ihres Teams behindern.

Durch strikte Priorisierung, die Akzeptanz von „gut genug" und effizientes Delegieren können Sie sich aus der Genauigkeitsfalle befreien und Ihre geistigen

Ressourcen den Dingen widmen, die Ihre größte Aufmerksamkeit erfordern.

Selbstreflexion

Anspruchsvolle Deadlines und Leistungsdruck

1. Chronischer Stress: Machen Sie sich Sorgen, dass Sie Termine verpassen, oder sind Sie ständig nervös? Welche körperlichen Symptome dieses Stresses spüren Sie, wie z. B. Kopfschmerzen oder Bauchschmerzen?

2. Entscheidungsmüdigkeit: Fällt es Ihnen schwer, fundierte Schlussfolgerungen zu ziehen, insbesondere nach einem anstrengenden Tag oder wenn viele Deadlines anstehen? Wie oft bereuen Sie Entscheidungen, die Sie unter Zwang getroffen haben, oder zweifeln an sich selbst?

3. Ungleichgewicht zwischen Arbeit und Privatleben: Wie oft müssen Sie am Wochenende oder nach Feierabend arbeiten, um Termine einzuhalten? Ist es dadurch für Sie schwieriger geworden, in Ihrer Freizeit Spaß zu haben und gute Kontakte zu Menschen außerhalb der Arbeit zu pflegen?

4. Reduzierte Kreativität: Haben Sie das Gefühl, dass der Druck, sich nur auf die Fertigstellung der Arbeit und das Einhalten von Fristen zu konzentrieren, Ihre Kreativität hemmt? Wann waren Sie das letzte Mal motiviert, eine Herausforderung auf eine neue Art anzugehen?

5. Realistische Ziele: Schätzen Sie ehrlich ein, wie viel Arbeit Sie in der vorgegebenen Zeit erledigen können? Setzen Sie oft unrealistische Fristen, die Sie am Ende gestresst und frustriert fühlen lassen?

Transformative Übungen

Der Deadline-Tyrannei entkommen

1. Matrix zur Priorisierung von Terminen: Erstellen Sie eine Matrix, bei der eine Achse die „Wichtigkeit" (hoch/niedrig) und die andere die „Dringlichkeit" (hoch/niedrig) darstellt. Erstellen Sie eine Liste aller Ihrer bevorstehenden Termine und ordnen Sie sie nach Wichtigkeit und Dringlichkeit. Dies hilft Ihnen dabei, wichtige Aktivitäten zu priorisieren und Ihr Arbeitspensum besser zu bewältigen.

2. Das Problem der Kommunikation: Kommunizieren Sie proaktiv mit Vorgesetzten und Kollegen. Schreiben Sie einen E-Mail-Entwurf oder tun Sie so, als ob Sie eine Diskussion führen würden, in der Sie ein mögliches Problem mit der Frist vorhersehen und Abhilfemaßnahmen anbieten oder um eine Fristverlängerung bitten.

3. Die Projektaufteilung: Wählen Sie eine große, bevorstehende Frist und unterteilen Sie sie in kleinere, leichter zu bewältigende Aufgaben. Tragen Sie diese Aktionen in Ihren Zeitplan ein und überwachen Sie Ihren

Fortschritt. Dadurch wird das Projekt weniger einschüchternd und Ihr Erfolgserlebnis wird gesteigert.

4. Die überarbeitete Zeiterfassung: Führen Sie die Zeitprüfungsübung aus Kapitel 1 noch einmal durch, aber achten Sie diesmal genau darauf, wie Sie Ihre Zeit im Hinblick auf Fristen nutzen. Finden Sie heraus, wo sich Dinge anhäufen oder wo Sie sich in Kleinigkeiten verlieren könnten.

5. Der heilige Pausenplan: Planen Sie in Ihrem Zeitplan bestimmte Zeiträume im Laufe des Tages für Pausen ein. Nutzen Sie diese Momente, um vollständig von der Arbeit abzuschalten und erholsame Aktivitäten wie einen Spaziergang, Musik genießen oder sich mit Kollegen unterhalten zu können.

Kapitel 3

Mehr als nur Zahlenspiel: Die Auswirkungen von Burnout auf Ihr Wohlbefinden.

„Burnout ist kein Ehrenzeichen, sondern ein Zeichen dafür, dass Sie zu viel von sich verlangen." – Christina Maslach, führende Burnout-Forscherin

Burnout ist ein Zustand emotionaler, körperlicher und geistiger Erschöpfung, der alle Bereiche Ihres Lebens durchdringt und nicht nur auf den Arbeitsplatz beschränkt ist. Burnout hat weitaus mehr Auswirkungen als nur das Verpassen von Terminen und schlechte Arbeitsleistung. Es kann Ihre Beziehungen zu anderen, Ihre geistige Stabilität und Ihre körperliche Gesundheit ernsthaft schädigen.

In diesem Kapitel untersuchen wir die weitreichenden Auswirkungen eines Burnouts, einschließlich der Frage, wie es Ihr Wohlbefinden in mehreren wichtigen Bereichen beeinträchtigen kann. Wenn Sie diese Auswirkungen kennen, können Sie die Frühwarnzeichen erkennen und vorbeugende Maßnahmen ergreifen, bevor ein Burnout eintritt.

Der Körper in Belagerung: Körperliche Erscheinungen eines Burnouts

Burnout hat neben den psychischen Folgen auch schwerwiegende negative Auswirkungen auf Ihre körperliche Gesundheit. Im Folgenden sind einige typische körperliche Anzeichen eines Burnouts aufgeführt:

1. **Länger anhaltende Erschöpfung:** Aufgrund eines Burnouts können Sie unter chronischer Erschöpfung leiden, sowohl emotional als auch körperlich. Selbst nach einer erholsamen Nachtruhe fällt es Ihnen möglicherweise schwer, die nötige Ausdauer für die Erledigung alltäglicher Aufgaben aufzubringen.
2. **Geschwächtes Immunsystem:** Burnout führt zu andauerndem Stress, der die natürlichen Abwehrkräfte Ihres Körpers schwächt und Sie anfälliger für Infektionen, Erkältungen und andere Beschwerden macht.
3. **Kopfschmerzen und Muskelverspannungen:** Kopfschmerzen, Muskelverspannungen und Unwohlsein im ganzen Körper können Anzeichen einer anhaltenden, stressbedingten körperlichen Anspannung sein.
4. **Schlafstörungen:** Ein Burnout kann Ihren Schlafrhythmus durcheinanderbringen und es Ihnen schwer machen, einzuschlafen oder die

ganze Nacht durchzuschlafen. Diese schlechte Schlafqualität kann dazu führen, dass Sie sich noch erschöpfter fühlen und es Ihnen schwerer fällt, alltägliche Aufgaben zu erledigen.
5. **Verdauungsprobleme:**Eine Reihe von hormonellen Veränderungen, die sich auf Ihr Verdauungssystem auswirken, können durch die Stressreaktion ausgelöst werden. Verstopfung, Durchfall und Magengeschwüre gehören zu den Symptomen, die durch Burnout entstehen können.

Diese äußeren Anzeichen eines Burnouts sind ein deutliches Zeichen dafür, dass Ihr Körper angegriffen wird. Werden diese Warnsignale ignoriert, können sich zukünftige Gesundheitsprobleme verschlimmern.

Der emotionale Tribut: Wenn Leidenschaft zu Zynismus wird

Ein Burnout raubt nicht nur Ihre körperliche Vitalität, sondern kann sich auch negativ auf Ihre geistige Gesundheit auswirken. So kann das emotionale Wohlbefinden durch ein Burnout beeinträchtigt werden:

Das Hauptsymptom eines Burnouts ist emotionale Erschöpfung. Sie erleben möglicherweise Gefühllosigkeit, Apathie und den Verlust der Leidenschaft, die Sie früher für Ihren Beruf hatten.

- **Erhöhte Sensibilität und Verzweiflung:** Eine kürzere Zündschnur kann durch den anhaltenden Stress eines Burnouts entstehen. Sie könnten sowohl im Privat- als auch im Berufsleben schnell aufgeregt und gereizt werden.
- **Angst und Verzweiflung:** Stress, Angst und Verzweiflung können als Folge eines Burnouts außer Kontrolle geraten. Das Gefühl der Kontrolle und Überforderung kann zu Verzweiflung und Hoffnungslosigkeit führen.
- **Zynismus und Distanz:** Ihre ursprüngliche Begeisterung und Leidenschaft für Ihre Aufgabe beginnen zu schwinden. Sie haben möglicherweise zynische Gefühle gegenüber Ihrem Arbeitgeber, Ihren Kollegen und Ihrem Arbeitsplatz. Gefühle der Einsamkeit und des Gefühls, dass Sie nur Ihre Pflicht tun, könnten aus dieser Trennung resultieren.

- **Vermindertes Erfolgserlebnis:** Ein Burnout kann Ihre Meinung über sich selbst verzerren, selbst wenn Sie bereits etwas erreicht haben. Sie können Ihre Erfolge herunterspielen oder Schwierigkeiten haben, Freude an Ihrer Arbeit zu finden.

Die emotionalen Nachwirkungen eines Burnouts können Ihr allgemeines Glücksgefühl und Wohlbefinden ernsthaft beeinträchtigen. Werden sie vernachlässigt, können sie zu depressiven, einsamen und isolierten Gefühlen führen.

Über den Arbeitsplatz hinaus: Die Auswirkungen von Burnout auf Beziehungen

Burnout am Arbeitsplatz ist nicht die einzige Ursache. Die negativen Auswirkungen und die emotionale Erschöpfung von Burnout können Ihre zwischenmenschlichen Beziehungen ernsthaft schädigen. So können Sie es erreichen:

- **Angespannte Beziehungen zu geliebten Menschen:** Burnout kann Stress und Ungeduld hervorrufen, die sich auf den Umgang mit Freunden und Familie auswirken können. Sie beginnen möglicherweise, sich von anderen zu distanzieren oder Ihre Beziehungen weniger ernst zu nehmen.
- **Vermindertes Einfühlungsvermögen und Geduld:** Die emotionale Erschöpfung durch Burnout kann es schwierig machen, für andere in Ihrer Umgebung da zu sein und sie zu ermutigen. Sie sind möglicherweise weniger einfühlsam und geduldig mit Familienmitgliedern.
- **Auswirkung auf die Nähe:** Die Auswirkungen eines Burnouts erstrecken sich auch auf intime Beziehungen. Ihr Verlangen nach Nähe und Verbindung kann durch Ihre anhaltende Erschöpfung und emotionale Erschöpfung gemindert werden.

- **Streit und Ressentiments:** Die mit einem Burnout einhergehende Verärgerung und Ungeduld kann zu Konfrontationen und Streit mit nahestehenden Personen führen. Aus dem Gefühl, bei der Arbeit überlastet zu sein, kann Groll gegenüber anderen entstehen, die ihr Leben scheinbar besser im Griff haben.

Ein Burnout kann die Folgen verschlimmern, indem es die Gefühle von Einsamkeit und Isolation verstärkt, die durch diese nachteiligen Auswirkungen auf Ihre Beziehungen hervorgerufen werden.

Burnout nährt Burnout: Der Teufelskreis

Niemand erlebt ein Burnout im luftleeren Raum. Es löst einen Teufelskreis aus, aus dem es schwierig sein kann, auszubrechen. So geht's:

- **Verringerte Produktivität:** Die körperlichen und psychischen Folgen eines Burnouts können Ihre Leistungsfähigkeit erheblich beeinträchtigen. Es kann Ihnen schwerfallen, sich zu konzentrieren, zu entscheiden, was zu tun ist, oder Aufgaben effizient zu erledigen. Dieser Leistungsabfall kann in der Folge zu mehr Druck und Stress führen, was den Burnout-Kreislauf noch verstärkt.
- **Erhöhte Abwesenheit:** Die anhaltende Erschöpfung und die depressiven Symptome eines Burnouts können zu einem Anstieg sowohl geplanter als auch spontaner Abwesenheiten

führen. Dies kann den Stress der Kollegen noch verstärken und Ihrem Ruf am Arbeitsplatz noch mehr schaden.
- **Vernachlässigung der Selbstpflege:** Die Selbstfürsorge leidet oft, wenn man überlastet und erschöpft ist. Man ernährt sich ungesund, vernachlässigt sein Trainingsprogramm und stellt die Arbeit vor den Schlaf. Diese schlechten Gewohnheiten zehren noch mehr an den körperlichen und emotionalen Reserven, was den Umgang mit einem Burnout erschwert.

Motivationsverlust: Ihre angeborene Motivation kann durch den anhaltenden Stress und die Negativität untergraben werden. Die Dinge, die Sie früher aufregend fanden, werden langweilig und das Gefühl der Erfüllung, das Sie durch Ihre Arbeit hatten, beginnt zu schwinden. Dieser Mangel an Antrieb verschlimmert Gefühle wie Zynismus und Gleichgültigkeit.

Erhöhtes Suchtrisiko: Manche Menschen greifen auf schädliche Bewältigungsstrategien zurück, wie Drogenmissbrauch oder Glücksspiel, um mit dem Stress und dem emotionalen Leid eines Burnouts fertig zu werden. Diese Süchte können zwar kurzfristig Trost spenden, verschlimmern die Probleme aber letztlich.

Maßnahmen ergreifen, um den Teufelskreis zu durchbrechen: Der Wert einer frühen Intervention

Glücklicherweise muss Burnout kein Dauerzustand sein. Sie können den Teufelskreis durchbrechen und Burnout verhindern, indem Sie die Warnsymptome frühzeitig erkennen und Maßnahmen ergreifen, um sie zu beseitigen. Die folgenden Abschnitte dieses Buches bieten Ihnen die Instrumente und Taktiken, die Sie benötigen, um Burnout zu überwinden und ein nachhaltigeres und zufriedenstellenderes Berufsleben zu führen.

Denken Sie daran, dass Burnout ein Zeichen für die Notwendigkeit einer Veränderung ist. Sie können Ihre Gesundheit und Ihr Glück sowie Ihre Leistungsfähigkeit und allgemeine Arbeitszufriedenheit wiederherstellen, indem Sie Ihr Wohlbefinden in den Vordergrund stellen und Ihren Stress bewältigen.

Die Kraft der Selbstwahrnehmung: So erkennen Sie die Ursachen Ihres Burnouts

Sich seiner selbst bewusst zu sein, ist der erste Schritt, um den Burnout-Kreislauf zu beenden. Beobachten Sie Ihren emotionalen Zustand, die Signale Ihres Körpers und etwaige Verhaltensänderungen. Hier sind einige Fragen, die Sie sich stellen sollten:

- ❖ Wie ist Ihre Stimmung normalerweise am Montagmorgen? Freuen Sie sich auf die nächste Woche oder sind Sie besorgt?
- ❖ Überprüfen Sie Ihre geschäftlichen E-Mails häufig, auch am Wochenende und abends?
- ❖ Haben Sie Veränderungen in Ihren Ess- oder Schlafgewohnheiten bemerkt?
- ❖ Spüren Sie ein überdurchschnittlich starkes Maß an Irritation oder Frustration?

❖ Haben Sie aufgehört, sich früher geliebten Hobbys oder sozialen Aktivitäten zu widmen?

Sie können beginnen, die genauen Auslöser zu identifizieren, die zu Ihrem Burnout geführt haben, indem Sie über diese Fragen nachdenken und auf Ihre inneren Anzeichen achten. Sobald Sie sich dieser Auslöser bewusst sind, können Sie Pläne erstellen, um mit ihnen umzugehen und ein Burnout zu verhindern.

Selbstreflexion

Der emotionale Tribut

1. Emotionale Erschöpfung: Können Sie sich an eine Zeit erinnern, in der Sie emotional völlig distanziert oder gleichgültig gegenüber Ihrer Arbeit waren? Welchen Effekt hatte dies auf Ihre Motivation und allgemeine Arbeitszufriedenheit?

2. Erhöhte Reizbarkeit: Haben Sie festgestellt, dass Sie sowohl bei der Arbeit als auch in Ihrem Privatleben in letzter Zeit schneller wütend oder gereizt werden? Können Sie bestimmte Aspekte Ihres Jobs nennen, die Sie reizbarer machen?

3. Depression und Angst: Leiden Sie oft unter Verzweiflung oder Sorgen bezüglich Ihrer Arbeit? Wie äußern sich diese Gefühle physiologisch (z. B. veränderter Appetit, Schlafstörungen)?

4. Zynismus und Distanziertheit: Sind Sie oft pessimistisch, was Ihre Arbeit, Ihre Kollegen oder Ihr Unternehmen im Allgemeinen betrifft? Hat diese Negativität Ihre Produktivität und Ihr Engagement bei der Arbeit insgesamt beeinträchtigt?

5. Vermindertes Erfolgserlebnis: Selbst nach erfolgreichen Projekten spielen Sie Ihre beruflichen Erfolge normalerweise herunter oder fällt es Ihnen schwer, stolz darauf zu sein?

Transformative Übungen

Über die Arbeit hinaus: Die Auswirkungen von Burnout auf Beziehungen

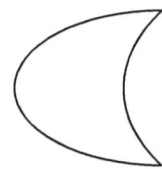

1. Das Beziehungs-Audit: Listen Sie drei bis fünf wichtige Verbindungen (Freunde, Familie und Lebenspartner) in Ihrem Leben auf. Überlegen Sie, wie sich Müdigkeit auf Ihre Interaktionen und Ihre emotionale Verfügbarkeit in jeder dieser Verbindungen ausgewirkt haben könnte.

2. Die Empathie-Herausforderung: Erinnern Sie sich an einen Vorfall, bei dem Sie kürzlich wütend oder verächtlich gegenüber einem nahen Verwandten waren. Machen Sie sich bewusst, welche emotionalen Auswirkungen Ihr Burnout auf andere in Ihrer Umgebung haben kann, und versuchen Sie, die Dinge aus ihrer Sicht zu sehen.

3. Der Wiederanschlussplan: Nehmen Sie sich Zeit für ein bedeutungsvolles Gespräch mit einer Person, die Sie aus Erschöpfung ignoriert haben. Vereinbaren Sie eine lustige Aktivität, die Ihnen beiden gefällt, und konzentrieren Sie sich darauf, voll und ganz präsent und in die Gegenwart eingebunden zu sein.

4. Die Übung „Gesunde Grenzen": Denken Sie an Fälle, in denen Ihr Berufsleben in Ihr Privatleben eindringt und es zu Meinungsverschiedenheiten oder Feindseligkeiten in engen Beziehungen kommt. Richten Sie zu Hause einen bestimmten Arbeitsplatz ein oder deaktivieren Sie Arbeitsbenachrichtigungen nach Feierabend als Beispiele für geeignete Techniken zum Setzen von Grenzen.

5. Der Grundstein der Kommunikation: Sprechen Sie ehrlich und offen mit Ihren Lieben über Ihre Burnout-Probleme. Sagen Sie ihnen, wie Sie sich fühlen, und bitten Sie sie um Hilfe und Verständnis.

Teil 2: Die Neuausrichtungsphase – Änderung Ihrer Denkweise

Kapitel 4

Den inneren Kritiker zähmen: Negative Denkmuster in Frage stellen.

„Unser größter Feind ist nicht das, was da draußen ist, sondern die Geschichte, die wir uns über das, was da draußen ist, erzählen." – Brené Brown, Autorin und Forscherin

Burnout hat oft tiefe Wurzeln in unseren mentalen und Selbstüberzeugungsgewohnheiten und zeigt sich nicht nur in körperlichen Symptomen wie Müdigkeit und Krankheit. Eine der Hauptursachen für Burnout könnte der ständige innere Kritiker sein, der murmelt: „Ich bin nicht gut genug" oder „Ich kann mit diesem Druck nicht umgehen". Dieses Kapitel untersucht die Bedeutung der Mentalität und bietet Techniken zur Überwindung ungünstiger Denkgewohnheiten und zur Entwicklung einer belastbareren Perspektive.

Identifizieren Sie Ihre Burnout-Geschichte: Entlarven Sie nicht hilfreiche Überzeugungen.

Beim Burnout wird Ihnen eine selbstzerstörerische Geschichte ins Ohr geflüstert. Es ist eine Geschichte, die Sie sich selbst über Ihren Job, Ihre Fähigkeiten und Ihre Anpassungsfähigkeit erzählen. Diese Geschichte, die oft von früheren Ereignissen und Selbstzweifeln beeinflusst wird, hat das Potenzial, sich selbst zu erfüllen und die Flammen des Burnouts zu schüren.

Das Auffinden dieser negativen Denkmuster ist der erste Schritt zu ihrer Bekämpfung. Dies ist eine effektive Tagebuchaktivität, die Ihnen dabei hilft, Ihre eigene „Burnout-Geschichte" zu bestimmen:

Schritt 1: Suchen Sie einen ruhigen Bereich

Nehmen Sie sich 15 bis 20 Minuten ungestörte Zeit. Suchen Sie sich einen ruhigen Ort, an dem Sie nicht gestört werden. Solange Sie sich auf das Nachdenken konzentrieren können, kann das eine Ecke Ihres Schlafzimmers, ein Sitzplatz im Park in der Nähe oder Ihr Lieblingscafé sein.

Schritt 2: Stellen Sie sich vor, Sie fühlen sich bei der Arbeit überfordert

Schließen Sie die Augen und atmen Sie mehrmals tief ein. Stellen Sie sich einen ganz normalen Arbeitstag vor, an dem Sie gestresst sind und kurz vor einem Burnout stehen. Welche Bilder, Geräusche und Gefühle kommen Ihnen in den Sinn?

Schritt 3: Hören Sie auf Ihren inneren Kritiker

Konzentrieren Sie sich nun auf Ihr inneres Gespräch. Welche Gefühle und Ideen gehen Ihnen durch den Kopf? Was hört Ihr innerer Kritiker? Was auch immer Ihnen in den Sinn kommt, egal wie hart oder abwertend, schreiben Sie es auf. Die Idee besteht darin, die unzensierten, ungefilterten Ideen aufzuzeichnen, die Ihr Burnout verursachen; bearbeiten oder filtern Sie nicht.

Hier sind einige Einstiegsfragen zum Einstieg:

- Welche Sorgen bereiten Ihnen Sorgen?
- In welcher Hinsicht fühlen Sie sich im Moment unzulänglich?
- Haben Sie Vorbehalte bezüglich Ihrer Talente oder Fähigkeiten?
- Fühlen Sie sich durch Ihre Arbeitsbelastung oder Termine überfordert?
- Haben Sie das Gefühl, die Kontrolle zu verlieren oder machtlos zu sein?
- Schritt 4: Wiederkehrende Themen bestimmen

Wenn Sie mit dem Schreiben fertig sind, treten Sie einen Schritt zurück und gehen Sie Ihre Einträge noch einmal durch. Untersuchen Sie Ihre Ideen auf wiederkehrende Themen oder Muster. Gibt es bestimmte Ausdrücke oder selbstironische Zitate, die häufig wiederkehren? Dies sind die Hauptelemente, aus denen Ihre „Burnout-Erzählung" besteht.

Achten Sie auf die folgenden häufigen Themen:

- **Unzureichend:** „Ich bin nicht gut genug", „Ich enttäusche die Leute ständig", „Ich kann mit dem Druck nicht umgehen."
- **Ohnmacht:** „Ich kann nichts tun", „Ich stecke in dieser Situation fest", „Es wird immer so sein."
- **Der idealistische Glaube** dass „alles perfekt sein muss", „ein Fehler alles ruinieren kann" und „ich keine Pause machen kann, bis alles fertig ist".
- **Überarbeitung:** „Ich muss ständig arbeiten." „Ich habe keine Zeit für mich." „Ruhe ist ein Zeichen von Schwäche."

Schritt 4: Bewerten Sie die Wirkung

Wenn Sie diese Grundgedanken erkennen, werden Sie vielleicht verstehen, wie sie Ihr Burnout verursachen. Die Vorstellung, dass „alles perfekt sein muss", setzt einen beispielsweise sehr unter Druck und erschwert die Aufgabenverteilung oder die Toleranz gegenüber Fehlern. Infolgedessen kann man Müdigkeit und Ärger verspüren.

Über das Tagebuch hinaus: Ihre tägliche Burnout-Geschichte

Diese Tagebuchaktivität ist nur der Anfang. Achten Sie den ganzen Tag über auf die Stimme Ihres inneren Kritikers. Denken Sie über die zugrunde liegenden Denkmuster nach, die auftauchen, wenn Sie sich unter Druck oder überlastet fühlen. Wenn Sie diese Tendenzen in Echtzeit identifizieren können, können Sie anfangen, diese Tendenzen herauszufordern und Ihre „Burnout-Geschichte" in eine zu verwandeln, die Ihnen mehr Kraft gibt.

Die Entwicklung von Selbstmitgefühl ist der nächste Schritt in diesem Prozess. Sie können Ihre emotionale Stärke und Belastbarkeit steigern, indem Sie lernen, in schwierigen Situationen freundlich und einfühlsam mit sich selbst umzugehen.

Eine wachstumsorientierte Denkweise entwickeln: Herausforderungen annehmen, um positive Veränderungen herbeizuführen.

Stellen Sie sich David vor, einen Grafikdesigner, der die letzten fünf Jahre damit verbracht hat, Marketinggrafiken für eine lokale Bäckerei zu entwickeln. Er ist ein Meister darin geworden, auffällige Flyer und Social-Media-Posts zu erstellen, auf denen köstliches Gebäck präsentiert wird. Obwohl David seine Arbeit mag, macht sich bei ihm ein nagendes Gefühl der Langeweile breit. Er glaubt, dass seine Talente ausgeschöpft sind und dass die alltäglichen Aufgaben nicht mehr die Herausforderungen bieten, die ihm immer Spaß gemacht haben.

Eines Tages ergibt sich eine neue Chance. Ein aufstrebendes Technologieunternehmen kontaktiert Davids Unternehmen und sucht einen Designer, der eine Benutzeroberfläche (UI) für seine revolutionäre mobile App erstellt. Dieses Projekt geht über Davids üblichen Bereich hinaus; UI-Design erfordert eine neue Kompetenz, die Konzepte der Benutzererfahrung (UX) und ein besseres Verständnis interaktiver Funktionen kombiniert. Zunächst zögert David. Er denkt: „Das klingt kompliziert." „Was, wenn ich nicht gut genug bin?"

Doch dann ändert sich etwas. David erinnert sich, dass er kürzlich einen Podcast gehört hat, in dem die Vorteile einer entwicklungsorientierten Denkweise diskutiert wurden. Er findet diese Idee sympathisch. Im Gegensatz zu einer starren Denkweise geht man bei einer wachstumsorientierten Denkweise davon aus, dass Fähigkeiten, Talent und Intellekt entwickelt werden können. Jeder kann seine Talente verbessern und sich durch harte Arbeit, Engagement und Lernbereitschaft neue Fähigkeiten aneignen.

Nachdem David diese Entwicklungsmentalität angenommen hat, beschließt er, seine Komfortzone zu verlassen. Er spricht mit seinem Manager über das Projekt und zeigt Interesse daran. Gemeinsam entwickeln sie eine Strategie, die David dabei helfen soll, die erforderlichen Fähigkeiten zu erwerben. Er nimmt an Branchenseminaren teil, meldet sich für Online-Kurse zum UI/UX-Design an und arbeitet als Schatten für erfahrene Designer, die in seinem Unternehmen auf dieses Gebiet spezialisiert sind. Es gibt frustrierende Momente und eine steile Lernkurve. David sieht sich mit neuer Software konfrontiert, hat Schwierigkeiten, komplizierte Designkonzepte zu verstehen, und kann Kritik, die auf Bereiche hinweist, in denen Entwicklungsbedarf besteht, nur schwer verarbeiten.

Aber David gibt nicht auf. Er geht Probleme mit der Einstellung eines Schülers an und sieht Misserfolge als Chance zur Verbesserung. Er stellt Fragen, sucht nach Erklärungen und übt seine neuen Fähigkeiten intensiv aus. David beginnt allmählich, die Nuancen des UI/UX-

Designs zu verstehen. Er erlangt die Fähigkeit, Benutzeranforderungen in einfache Schnittstellen umzusetzen, das Design auf der Grundlage von Eingaben aus Benutzertests zu verfeinern und eine ästhetisch ansprechende und unkomplizierte Anwendungsschnittstelle zu erstellen.

Für David bedeutet die Verwirklichung dieses Projekts einen grundlegenden Wandel. Er erwirbt nicht nur nützliche neue Fähigkeiten, sondern entwickelt auch eine neue Begeisterung für UI/UX-Design. Sein Selbstvertrauen wird durch dieses Fachwissen gestärkt, das ihm auch die Möglichkeit gibt, anspruchsvollere Designprojekte innerhalb des Unternehmens zu übernehmen. Er geht sogar so weit, junge Designer zu betreuen und ihnen sein Wissen und seine Prinzipien der Wachstumsmentalität zu vermitteln.

Davids Erzählung veranschaulicht die Transformationsfähigkeit des Wachstumsdenkens. Menschen mit einem Entwicklungsdenken sehen Hindernisse als Chance für persönlichen Fortschritt und Lernen. Diese Strategie schafft Belastbarkeit, Antrieb und ein Erfolgsgefühl, was schließlich zu beruflichem Fortschritt und einem lohnenderen Arbeitsleben führt.

Das Fixed-Mindset vs. das Growth-Mindset: Den Widerspruch erkennen

Unser Denken hat einen entscheidenden Einfluss darauf, wie wir Probleme wahrnehmen und darauf reagieren. Menschen mit einer starren Mentalität glauben, dass Fähigkeiten, Begabung und Intellekt unveränderliche Eigenschaften sind. Sie sehen wenig Raum für Verbesserungen in sich selbst; entweder haben sie „es" oder sie haben es nicht. Diese festgefahrene Perspektive kann in stressigen, hektischen beruflichen Umgebungen besonders schädlich sein. Menschen mit einer starren Mentalität sehen eine neue Aufgabe oder einen Rückschlag möglicherweise als Beweis ihrer Unzulänglichkeiten, was ihre Begeisterung dämpfen und sie hoffnungslos machen kann.

Wer hingegen eine wachstumsorientierte Denkweise hat, glaubt, dass Talent, Intelligenz und andere Eigenschaften durch Arbeit, Bildung und Erfahrung erworben werden können. Sie sehen Hindernisse als Chance, sich zu entwickeln und besser zu werden. Diese wachstumsorientierte Denkweise fördert die Belastbarkeit und ermöglicht es Menschen, sich von Rückschlägen zu erholen, Lernmöglichkeiten wahrzunehmen und trotz Schwierigkeiten durchzuhalten.

Eine wachstumsorientierte Denkweise entwickeln: Praktische Strategien

Hier sind einige praktische Strategien, die Sie umsetzen können, um eine wachstumsorientierte Denkweise zu entwickeln:

- **Herausforderungen annehmen:** Betrachten Sie Herausforderungen als Chancen, neue Kenntnisse und Fähigkeiten zu erwerben.
- **Konzentrieren Sie sich auf die Anstrengung:** Erkennen Sie, dass harte Arbeit, Engagement und kontinuierliche Weiterbildung für den Erfolg wichtiger sind als natürliche Begabung.
- **Feiern Sie den Fortschritt:** Egal, wie klein Ihre Leistungen sind, erkennen Sie sie an und würdigen Sie sie.
- **Lernen Sie aus Ihren Fehlern:** Betrachten Sie Fehler als Wachstumschancen und nicht als Misserfolge.
- **Feedback einholen:** Um Bereiche zu identifizieren, in denen Verbesserungsbedarf besteht, suchen Sie proaktiv nach konstruktiver Kritik.
- **Inspiriere dich selbst:** Lesen Sie Geschichten erfolgreicher Menschen, die Herausforderungen durch harte Arbeit und Ausdauer gemeistert haben.

Sie können Ihr volles Potenzial ausschöpfen, in anspruchsvollen Arbeitsumgebungen erfolgreich sein und eine lohnendere und erfolgreichere Karriere haben, indem Sie diese Techniken umsetzen und sich eine Wachstumsmentalität zu eigen machen. Das nächste Unterkapitel befasst sich mit dem Konzept des

Selbstmitgefühls, einem entscheidenden Element bei der Überwindung von Burnout und dem Aufbau emotionaler Belastbarkeit.

Die Kraft des Selbstmitgefühls
Freundlichkeit kultivieren für ein stärkeres Ich

Negativität und Selbstkritik begünstigen ein Burnout. Wenn wir ständig unter Druck stehen und Enttäuschungen erleben, wird unser innerer Kritiker zu einer unaufhörlichen Stimme; er vergrößert unsere vermeintlichen Fehler und nährt Gefühle der Unzulänglichkeit. Diese starke Selbstkritik löst einen Dominoeffekt aus, der unsere emotionale Ausdauer erschöpft und unsere Fähigkeit, mit Stress umzugehen, beeinträchtigt.

Das Heilmittel gegen diesen Pessimismus ist Selbstmitgefühl. Sich selbst mit der gleichen Rücksicht und dem gleichen Verständnis zu behandeln, die man einem engen Freund entgegenbringen würde, der mit vergleichbaren Schwierigkeiten konfrontiert ist, wird als Selbstmitgefühl bezeichnet. Es geht darum, seine Fehler zu akzeptieren, sein Leiden zuzugeben und sich selbst Liebe und Unterstützung zu geben.

Das Trio der Grundlagen des Selbstmitgefühls

Drei Hauptkomponenten bilden die Grundlage des Selbstmitgefühls:

Selbstmitgefühl: Zeigen Sie Mitgefühl statt Selbstkritik. Anstatt sich selbst zu kritisieren, sprechen Sie unterstützend und fürsorglich mit sich selbst.

Achtsamkeit: Erkennen Sie Ihre Empfindungen und Ideen, ohne zu urteilen. Erkennen Sie Ihren inneren Kritiker, aber widerstehen Sie dem Drang, sich von seiner Negativität verzehren zu lassen.

Die Menschheit als Ganzes: Erkennen Sie, dass jeder Hindernisse und Rückschläge hat. Ihre Herausforderungen sind nicht nur Ihnen vorbehalten.

Die Vorteile der Selbstpflege

Durch das Praktizieren von Selbstmitgefühl können Sie viele Vorteile erzielen, die den negativen Auswirkungen eines Burnouts direkt entgegenwirken:

- **Weniger Stress und Angst:** Selbstmitgefühl fördert die Belastbarkeit und Gelassenheit, indem es bei der Regulierung Ihrer emotionalen Reaktion auf Stress hilft.
- **Verbesserte Motivation:** Wenn Sie nett zu sich selbst sind, können Sie Hindernisse leichter überwinden und sich erneut dem Erreichen Ihrer Ziele widmen.
- **Bessere Beziehungen:** Selbstmitgefühl ist nicht auf einen selbst beschränkt. Wenn man netter zu sich selbst ist, fällt es einem leichter, Mitgefühl für andere Menschen zu empfinden und sie zu verstehen, was wiederum zu stärkeren Bindungen zu ihnen führt.

- **Verbessertes Selbstwertgefühl:** Ein positiveres Selbstbild und Selbstwertgefühl resultieren aus der Ersetzung von Selbstkritik durch Selbstakzeptanz.

Wie man Selbstmitgefühl übt

Hier sind einige praktikable Strategien, um Selbstmitgefühl in Ihre täglichen Aktivitäten zu integrieren:

- **Bewusstes Selbstgespräch:** Erkennen Sie Ihren inneren Kritiker und ergreifen Sie proaktiv Maßnahmen, um seine Negativität zu zerstreuen. Freundliche Bemerkungen und Ermutigung sollten an die Stelle strenger Selbstkritik treten.
- **Beruhigungstechniken:** Nehmen Sie an entspannenden und wohltuenden Aktivitäten teil, wie Yoga, Meditation und verbringen Sie Zeit in der Natur.
- **Schreiben Sie einen Beileidsbrief:** Drücken Sie Ihre Gedanken und Gefühle in einem Brief mit dem Verständnis und der Unterstützung eines fürsorglichen Freundes aus.
- **Entschuldigen Sie sich:** Fehler passieren jedem. Anstatt sich auf die Vergangenheit und Ihre Fehler zu konzentrieren, sollten Sie Vergebung üben und daraus lernen.

Selbstmitgefühl zu entwickeln ist eine Fähigkeit, die Zeit und Wiederholung erfordert. Seien Sie nett zu sich selbst und erkennen Sie Ihre Erfolge an, während Sie voranschreiten. Je mehr Selbstmitgefühl Sie entwickeln, desto widerstandsfähiger, emotional stabiler und erfüllender wird Ihre Reise sein, wodurch Sie die unvermeidlichen Hindernisse im Leben und bei der Arbeit besser überwinden können.

Selbstreflexion

Wachstumsdenken vs. statisches Denken

1. **Vermeidung von Herausforderungen:** Scheuen Sie sich oft vor neuen Chancen oder Herausforderungen im Beruf, weil Sie Angst haben, zu versagen? Können Sie sich an konkrete Fälle erinnern, in denen eine starre Haltung Ihre beruflichen Aufstiegsmöglichkeiten behindert hätte?

2. **Talent vs. Anstrengung:** Glauben Sie, dass harte Arbeit, Engagement und Bildung wichtigere Erfolgsfaktoren sind, oder glauben Sie, dass natürliches Talent oder Können eine größere Rolle spielen? Wie wird Ihre Strategie zur Bewältigung von Herausforderungen von dieser Überzeugung beeinflusst?

3. **Fehler als Rückschläge:** Wie reagieren Sie normalerweise, wenn Ihnen bei der Arbeit Fehler unterlaufen? Werden sie als Hindernisse gesehen, die einem die eigenen Grenzen aufzeigen, oder als Chance, zu wachsen und zu lernen?

4. Konstruktives Feedback als Gefahr: Sehen Sie konstruktive Kritik als Gefahr für Ihr Selbstwertgefühl oder als wichtiges Instrument zur persönlichen Weiterentwicklung?

Ratschläge von anderen annehmen: Suchen Sie proaktiv nach Anekdoten und Lebensweisheiten von erfolgreichen Menschen, die Hindernisse überwunden haben? Welche Entwicklungsmentalität können Sie entwickeln, indem Sie sich Beispiele wie diese zu Herzen nehmen?

Transformative Übungen

Selbstmitgefühl kultivieren

1. Die Herausforderung der Neuausrichtung: Denken Sie an einen aktuellen Vorfall bei der Arbeit, bei dem Sie sich selbst gegenüber kritisch waren. Betrachten Sie das Problem in einem verständnisvolleren Licht und verwenden Sie einfühlsame Worte, um das negative Selbstgespräch, das Sie geführt haben, neu zu formulieren.

2. Schreiben Sie einen Brief an sich selbst, in dem Sie Ihr Selbstmitgefühl aus der Sicht eines tröstenden Freundes zum Ausdruck bringen. Bringen Sie zum Ausdruck, dass Sie die Herausforderungen anerkennen, die Sie aufgrund Ihres Burnouts bei der Arbeit haben, und geben Sie unterstützende und verständnisvolle Kommentare ab.

3. Die Achtsamkeitsmeditation: Um Selbstbewusstsein zu entwickeln und Ihren inneren Kritiker zu beobachten, ohne ihn zu verurteilen, versuchen Sie es mit einer kurzen Achtsamkeitsmeditation. Konzentrieren Sie sich auf Ihre Atmung und nehmen Sie unangenehme Gedanken wahr, die auftauchen, aber widerstehen Sie dem Drang, danach zu handeln.

4. Das Selbstpflege-Inventar: Machen Sie eine Liste mit Dingen, die Sie tun können, um sich um sich selbst zu kümmern und sich zu entspannen. Nehmen Sie sich in Ihrem Wochenplan Zeit für solche Aktivitäten und stellen Sie Ihre geistige und körperliche Gesundheit an erste Stelle.

5. Die Übung in Vergebung: Denken Sie an einen Fehler, den Sie früher bei der Arbeit begangen haben. Übernehmen Sie die Verantwortung für Ihren Fehler, verzeihen Sie sich selbst und ziehen Sie Lehren daraus, um zu vermeiden, dass Sie dieselben Fehler in Zukunft wiederholen.

Wichtige Erkenntnisse aus Kapitel 4

1. Den Burnout-Mythos entlarven: Gefühle der Unzulänglichkeit, Hilflosigkeit und Überlastung werden durch eine selbstzerstörerische Erzählung genährt, die durch Burnout vermittelt wird. Sie können beginnen, diese negativen Denkmuster zu hinterfragen und umzuschreiben, indem Sie sie erkennen.

2. Die Macht einer Fortschrittsmentalität: Hindernisse als Chance zum Wachsen und Lernen zu betrachten, stärkt die Belastbarkeit und Motivation, was wiederum zu größerer Zufriedenheit und größerem Fortschritt im Beruf führt.

3. Selbstmitgefühl als Gegenmittel: Indem Selbstmitgefühl Selbstfreundlichkeit, Achtsamkeit und ein Gefühl gemeinsamer Menschlichkeit fördert, mildert es die negativen Auswirkungen eines Burnouts. Indem Sie mitfühlend mit sich selbst sind, können Sie Ihre

emotionale Stärke stärken und Hindernisse mit mehr Geschick überwinden.

Kapitel 5

Das Positive daran finden: Stress als Werkzeug für Wachstum neu interpretieren.

Anspannung. Der Begriff selbst ruft Gefühle von Müdigkeit, Sorge und Überforderung hervor. In der schnelllebigen Welt von heute ist sie ein unvermeidlicher Begleiter, der sowohl unser Privat- als auch unser Berufsleben überschattet. Studien zufolge geben erstaunliche 83 % der amerikanischen Arbeitnehmer an, sich bei der Arbeit gestresst zu fühlen, wobei ein beträchtlicher Prozentsatz von chronischem Stress berichtet, der zu Burnout führen kann.

Doch was wäre, wenn sich die Geschichte ändern ließe? Was wäre, wenn Stress nicht nur eine Belastung, sondern auch eine Chance zur persönlichen Weiterentwicklung darstellen würde? In diesem Kapitel wird die Idee der „Stress-Neudefinition" untersucht, bei der es darum geht, die negativen Konnotationen von Stress in ein Instrument für Wachstum und Belastbarkeit umzuwandeln.

Stress hat zwei Gesichter: Erkennen der Kampf-oder-Flucht-Reaktion

Die Kampf-oder-Flucht-Reaktion, auch Stressreaktion genannt, ist die komplexe physiologische und emotionale Reaktion des Körpers auf wahrgenommene Gefahren. Unser Körper produziert Adrenalin und Cortisol, wenn wir mit einer knappen Deadline, einer herausfordernden Diskussion mit einem Kollegen oder einer schweren Aufgabe konfrontiert sind. Diese Hormone beschleunigen unsere Atmung, unseren Herzschlag und unseren Blutzuckerspiegel, da sie uns auf den Kampf oder die Flucht vor der Gefahr vorbereiten.

Diese Stressreaktion kann kurzfristige Vorteile haben. Sie gibt uns einen Energieschub und steigert unsere Konzentration, sodass wir Aufgaben erledigen und Termine einhalten können. Dauerhafter Stress kann jedoch ständig die Kampf-oder-Flucht-Reaktion auslösen, was schädliche Folgewirkungen haben kann, darunter körperliche Erkrankungen, emotionale Erschöpfung und geringere Produktivität.

Die Kraft der Wahrnehmung: Stress abbauen

Die Wahrnehmung ist der Schlüssel, um die Vorteile von Stress zu maximieren und seine Nachteile zu minimieren. Stress ist nicht immer negativ; wie wir auf schwierige Ereignisse reagieren, entscheidet darüber, ob sie zu einer lähmenden Last oder einer Inspirationsquelle für die persönliche Entwicklung werden.

Stellen Sie sich vor, zwei Kollegen müssen die gleiche schwierige Deadline einhalten. Die Deadline wird als unüberwindbares Hindernis angesehen, als Gefahr, die Angst und Minderwertigkeitsgefühle hervorruft. Der andere Kollege hingegen sieht die Deadline als Chance, seine Fähigkeiten unter Beweis zu stellen und sich selbst herauszufordern, es besser zu machen. Diese unterschiedliche Wahrnehmung hat einen erheblichen Einfluss darauf, wie Stress von den einzelnen Personen erlebt wird und wie er endet.

Wir können unsere emotionalen Reaktionen auf herausfordernde Ereignisse ändern und die positiven Aspekte von Stress nutzen, indem wir sie umformulieren. Hier sind einige Taktiken, über die Sie nachdenken sollten:

- **Stellen Sie Ihre Annahmen auf die Probe:** Bedrohungen gehen nicht immer mit Herausforderungen einher. Untersuchen Sie Ihre erste Reaktion auf eine angespannte Situation. Ist es eine Gefahr oder ist es eine Chance, zu wachsen und zu lernen?
- **Kontrolle steht an erster Stelle:** Bestimmen Sie, welche Elemente der Umstände in Ihrer Kontrolle liegen. Konzentrieren Sie sich auf Ihre Vorbereitung, Ihren Einsatz und Ihre Fähigkeiten zur Problemlösung und nicht auf das, was außerhalb Ihrer Kontrolle liegt.
- **Nimm die Herausforderung an:** Betrachten Sie schwierige Umstände als Chance, zu wachsen und neue Fähigkeiten zu erwerben. Gehen Sie unvoreingenommen an sie heran und seien Sie eifrig dabei, neue Informationen aufzunehmen.

Die Bedeutung des Standpunkts für die Entwicklung von Resilienz

Stress neu zu interpretieren bedeutet, eine widerstandsfähigere Haltung zu entwickeln, anstatt nur die Sicht auf eine bestimmte Situation zu ändern. Resilienz ist die Fähigkeit, sich von Rückschlägen zu erholen, sich an Veränderungen anzupassen und mit Schwierigkeiten konstruktiv umzugehen.

Resiliente Menschen sehen Stress als vorübergehendes Hindernis und nicht als dauerhaftes. Sie verfügen über die emotionale Stärke, schwierige Zeiten durchzustehen, und können selbst angesichts von Schwierigkeiten eine optimistische Einstellung bewahren.

In den nächsten Unterkapiteln werden wir uns eingehender mit dem Thema Stress-Refraining befassen. Wir werden Techniken erkunden, mit denen Sie Ihre Sichtweise auf Stress ändern, Resilienz gegenüber Schwierigkeiten entwickeln und Stress schließlich von einer Belastung in ein wichtiges Instrument für die persönliche Entwicklung verwandeln können.

Von der Überforderung zur Chance: Ändern Sie Ihre Stresswahrnehmung.

Stress kann wie eine Flutwelle wirken, die Sie niederdrückt und fast ertränkt. Es gibt viele Termine, eine überwältigende Menge an Arbeit und ständige Sorgen, die mit dem Empfang einer E-Mail einhergehen. Aber Sie können unangenehme Umstände von bedrückenden Belastungen in Chancen zur persönlichen Entwicklung verwandeln, wenn Sie Ihre Sichtweise ändern.

Die Geschichte kann geändert werden: Die Macht der Neuausrichtung

Eine kognitiv-verhaltensorientierte Strategie namens Reframing beinhaltet die Änderung Ihrer Interpretation einer gegebenen Situation. Formulieren Sie das Szenario neu, um die möglichen Vorteile und Chancen für Lernen und Entwicklung hervorzuheben, anstatt die Nachteile und die Möglichkeit des Scheiterns.

Betrachten wir als Beispiel Folgendes: Stellen Sie sich vor, Sie sind Marketingmanager und haben die Aufgabe, eine Social-Media-Kampagne für ein neues Produkt zu entwickeln. Der Erfolgsdruck ist groß, Ihr Team ist überlastet und die Deadline rückt immer näher. Betrachten Sie diese neue Perspektive, anstatt sich auf die Deadline oder die Möglichkeit eines Scheiterns zu konzentrieren:

Erster Gedanke: „Diese Frist ist nicht erreichbar. Uns fehlen ausreichende Ressourcen, und ich werde keinen Erfolg haben."

Neu gerahmte Wahrnehmung: "Das ist für mich eine fantastische Chance, meinen Einfallsreichtum und meine Begabung für die Lösung von Problemen unter Beweis zu stellen. Wir können auch unter Druck eine gute Kampagne produzieren, indem wir die Verantwortlichkeiten klug verteilen und alle uns zur Verfügung stehenden Mittel einsetzen."

Sie können Ihre Aufmerksamkeit von den Nachteilen der Situation auf ihre möglichen Vorteile lenken, indem Sie sie umformulieren. Dieser Wechsel des Blickwinkels kann Ihre emotionale Reaktion tiefgreifend beeinflussen und Ihnen die Fähigkeit verleihen, die Aufgabe mit einem Gefühl der Kontrolle und Zielstrebigkeit anzugehen.

Das Arbeitsblatt zur Stressumformulierung: Überforderung nutzen, um Chancen zu schaffen

Mithilfe des folgenden Arbeitsblatts können Sie lernen, wie Sie schwierige Ereignisse in Ihrem Berufsleben neu bewerten. Ermitteln Sie die jeweiligen Stressquellen in jeder Situation, bewerten Sie sie neu, um der Person mehr Autorität zu verleihen, und listen Sie die möglichen Vorteile auf.

Arbeitsblatt zur Neubewertung von Stresssituationen: Geben Sie eine kurze Erläuterung einer belastenden Arbeitssituation, mit der Sie derzeit konfrontiert sind.

- **Besondere Stressoren:** Welche besonderen Elemente dieses Szenarios stressen Sie am meisten? (Zum Beispiel ein enger Zeitplan, unzureichende Ressourcen, schlechte Kommunikation)
- **Neufassung der Umstände:** Formulieren Sie die Umstände so um, dass sie kraftvoller und aufbauender sind. Achten Sie auf die möglichen Vorteile und Erweiterungsaussichten.
- **Potenziell vorteilhafte Ergebnisse:** Welche Vorteile kann diese herausfordernde Situation bieten? (Zum Beispiel das Erlernen neuer Fähigkeiten, bessere Problemlösungsfähigkeiten und mehr Selbstvertrauen)
- **Schritte:** Nachdem Sie das Problem neu formuliert haben, entscheiden Sie sich für bestimmte Maßnahmen, mit denen Sie es geschickter angehen können.

Zum Beispiel:

Situation: Als Softwareentwickler muss ich ein anspruchsvolles Problem mit kurzer Bearbeitungszeit beheben. Ich mache mir Sorgen, dass ich es nicht rechtzeitig schaffe und dass meine Kollegen keine hohe Meinung von mir haben.

- **Besondere Stressoren:** Kurzer Zeitplan, unbekannte Codebasis und Angst vor Fehlern
- **Umformulierung der Situation:** Ich kann mich selbst herausfordern und mir dadurch neue

Programmierkenntnisse aneignen. Ich kann mit erfahreneren Entwicklern zusammenarbeiten, um dieses anspruchsvolle Problem zu lösen und meine Problemlösungsfähigkeiten durch die Nutzung von Internetressourcen und Teamarbeit verbessern.
- **Mögliche Vorteile:** Erwerben Sie neue Programmierkenntnisse, steigern Sie Ihr Selbstvertrauen und sammeln Sie nützliche Erfahrungen bei der Behebung komplizierter Probleme.
- **Handlungsschritte:** Vereinbaren Sie ein Treffen mit leitenden Ingenieuren, um den Defekt zu besprechen, im Internet nach Ressourcen zur Lösung verwandter Probleme zu suchen und eine detaillierte Strategie zur Fehlerbehebung im Code zu entwerfen.

Mithilfe dieses Arbeitsblatts können Sie stressige Situationen neu einordnen und eine stärkere und optimistischere Einstellung entwickeln. Indem Sie einen anderen Standpunkt einnehmen, können Sie die mentale und emotionale Stärke erlangen, die Sie brauchen, um Hindernisse zu überwinden und als Sieger hervorzugehen.

Resilienz annehmen: Die Kraft aufbauen, um wieder auf die Beine zu kommen.

Stellen Sie sich vor, Ihre Beine schreien protestierend, während Sie auf die Ziellinie zulaufen, Ihre Lungen brennen. Sie taumeln und fallen, kratzen sich die Knie und sind eine Zeit lang benommen. Geben Sie auf und bleiben niedergeschlagen liegen, oder stehen Sie wieder auf und setzen das Rennen fort?

Die innere Stärke, die es einem ermöglicht, Widrigkeiten zu überwinden, ist Resilienz. Es ist die Fähigkeit, Hindernisse zu überwinden, sich an Veränderungen anzupassen und Unglück zu überwinden. Resilienz ist unerlässlich, um mit Druck umzugehen, Stress zu überwinden und in einem schwierigen Arbeitsumfeld erfolgreich zu sein.

Ein Bericht über Anpassungsfähigkeit: Von der Erschöpfung zur Entdeckung

Vor ein paar Jahren steckte ich im Treibsand des Burnouts. Ich leitete die Marketingabteilung eines schlagfertigen Softwareunternehmens, wo ich oft mit drängenden Fristen, schwankenden Zielen und einer ständig steigenden Arbeitsbelastung konfrontiert war. Der ständige „An"-Zustand war nicht mehr zeitgemäß und der Druck, Ergebnisse zu liefern, war enorm. Ich begann, Schlaf zu verlieren, weniger kreativ zu werden und die Freude an meinem Beruf zu verlieren, die ich früher hatte.

Eine besonders anstrengende Woche endete mit einem totalen Wutausbruch während einer Präsentation. Als ich vor dem Vorstand stand, war ich völlig aus dem Häuschen. Die Folien wurden verschwommen, meine Stimme zitterte und die gut geplante Präsentation verwandelte sich in ein chaotisches Durcheinander. Eine Welle von Schuldgefühlen und Ärger überkam mich. War ich unwürdig? Hatte ich diese wichtige Rolle verdient?

Aber ich beschloss, widerstandsfähig zu sein, anstatt diesen pessimistischen Gedanken nachzugeben. Ich akzeptierte den Verlust, verschaffte mir etwas Raum, um mich zu beruhigen, und begann dann mit dem Wiederaufbau. Ich ging meine Präsentation noch einmal durch, merkte mir, wo ich sie hätte verbessern können, und übte, bis ich mich dabei wohl fühlte. Ich beschäftigte mich auch mit den zugrunde liegenden Problemen, die zu meinem Burnout geführt hatten, darunter eine unüberschaubare Arbeitsbelastung, fehlende Grenzen und ein anhaltendes Stressgefühl.

Durch eine offene Kommunikation mit meinem Management konnte ich Aufgaben delegieren und meine Belastung besser bewältigen. Ich legte auch Wert auf Selbstfürsorge und nahm mir Zeit für Sport und Meditation. Ich konnte allmählich wieder Tritt fassen. Der Vorstand war zufrieden, die folgende Präsentation verlief gut, aber was noch wichtiger war: Ich hatte meine Belastbarkeit und mein Selbstvertrauen wiedergefunden.

Die Vorteile der Anpassungsfähigkeit

Resilienz bedeutet mehr, als nach einem Rückschlag wieder aufzustehen. Es geht darum, gestärkt und flexibler aus der Situation hervorzugehen. Im Folgenden sind einige der wichtigsten Vorteile der Entwicklung von Resilienz am Arbeitsplatz aufgeführt:

- **Weniger Stress:** Menschen mit Resilienz können die unausweichlichen Schwierigkeiten ihres Berufs besser bewältigen. Das führt zu weniger Stress und einer besseren psychischen Gesundheit.
- **Verbesserter Antrieb:** Wenn Sie wissen, dass Sie Rückschläge überwinden können, ist es wahrscheinlicher, dass Sie auch in schwierigen Situationen durchhalten und den Antrieb zum Erreichen Ihrer Ziele bewahren.
- **Bessere Fähigkeiten zur Problemlösung:** Resiliente Menschen gehen Probleme lösungsorientiert an, was ihre Problemlösungskompetenz steigert und ihre Flexibilität im Umgang mit Veränderungen erhöht.
- **Mehr Vertrauen:** Durch das Überwinden von Hindernissen steigern Sie Ihre Selbstwirksamkeit und Ihr Vertrauen in die eigenen Fähigkeiten und sind in der Lage, neue Chancen mit einer positiven Einstellung anzugehen.

Entwickeln Sie Ihre Standhaftigkeit

Im Folgenden finden Sie einige praktikable Strategien zur Förderung der Belastbarkeit am Arbeitsplatz:

- Denken Sie wachstumsorientiert und sehen Sie Hindernisse als Chance zur Verbesserung.
- Entwickeln Sie Selbstmitgefühl: Seien Sie nachsichtig mit sich selbst, wenn Sie Misserfolge erleben. Jeder macht Fehler.
- Schaffen Sie ein Unterstützungssystem: Stellen Sie eine Gruppe optimistischer und hilfsbereiter Mitarbeiter zusammen, die Ihnen in schwierigen Zeiten Unterstützung und Orientierung bieten können.
- Konzentrieren Sie sich auf das, was Sie kontrollieren können: Konzentrieren Sie sich nicht auf Variablen, die außerhalb Ihrer Kontrolle liegen. Konzentrieren Sie sich auf die Elemente der Umstände, die Sie kontrollieren können.
- Feiern Sie Ihre Erfolge: Egal, wie klein sie sind, seien Sie stolz auf Ihre Erfolge. Das Feiern Ihrer Erfolge gibt Ihnen mehr Selbstvertrauen und inspiriert Sie, weiterzumachen.

Resilienz ist keine angeborene Eigenschaft, sondern ein Talent, das mit der Zeit gestärkt und entwickelt werden kann. Wenn Sie diese Techniken in Ihrem Berufsalltag anwenden, können Sie die innere Stärke entwickeln, die Sie brauchen, um Hindernisse zu überwinden, Misserfolge als Chancen zur Verbesserung zu sehen und schließlich trotz aller Schwierigkeiten erfolgreich zu sein.

Selbstreflexion

Stress neu definieren

1. Auslöser von Stressreaktionen: Listen Sie die genauen Umstände oder Ereignisse im Zusammenhang mit Ihrer Arbeit auf, die bei Ihnen normalerweise eine Stressreaktion auslösen. Welche Merkmale haben diese Umstände alle gemeinsam?

2. Negatives Selbstgespräch: Wenn Sie sich bei der Arbeit in einer stressigen Situation befinden, achten Sie darauf, was in Ihrem Kopf vorgeht. Welche negativen Selbstgesprächsmuster sind Ihnen bewusst?

3. Bedrohung vs. Herausforderung: Denken Sie an eine bevorstehende Aufgabe bei der Arbeit. Sehen Sie sie zunächst als Gefahr oder als Chance, sich weiterzuentwickeln? Wie können Sie die Situation neu einordnen, um das positive Potenzial der Herausforderung zu nutzen?

4. Konzentrieren Sie sich auf die Kontrolle: Wenn Sie bei der Arbeit gestresst sind, stellen Sie fest, dass Ihre Aufmerksamkeit auf Dinge gelenkt wird, die außerhalb Ihrer Kontrolle liegen, oder gibt es Aspekte der

Situation, die Sie durch Ihre Initiative oder Vorbereitung ändern können?

5. Resilienz in Aktion: Denken Sie an eine Zeit zurück, in der Sie eine Herausforderung oder einen Rückschlag bei der Arbeit gemeistert haben. Welche Aspekte Ihrer Resilienz haben es Ihnen ermöglicht, das Hindernis zu überwinden und gestärkt daraus hervorzugehen?

Transformative Übungen

Aufbau von Resilienz

1. Die Herausforderung der Neuausrichtung: Wählen Sie einen Stressfaktor aus, der sich derzeit auf Ihren Job auswirkt. Formulieren Sie das Szenario so um, dass es Sie stärker unterstützt, indem Sie sich auf die möglichen Vorteile und Entwicklungsmöglichkeiten konzentrieren und die im Kapitel beschriebenen Vorgehensweisen befolgen.

2. Das Arbeitsblatt zur Stressneudefinition: Füllen Sie das im Kapitel bereitgestellte Arbeitsblatt „Stress Reframing" für einen bestimmten arbeitsbezogenen Stressfaktor aus, mit dem Sie derzeit zu tun haben. Bestimmen Sie die jeweiligen Stressquellen, stellen Sie das Problem in einem konstruktiven Licht dar und listen Sie die möglichen Vorteile auf.

3. Das Assistenznetzwerk-Audit: Denken Sie an die Menschen in Ihrem Leben und bei der Arbeit, die Ihnen jetzt Unterstützung bieten. Finden Sie Menschen, die

Ihnen in schwierigen Zeiten Unterstützung, Orientierung und Mitgefühl bieten können. Um Ihr Unterstützungsnetzwerk zu stärken, sollten Sie darüber nachdenken, mit diesen Menschen Kontakt aufzunehmen.

4. Die Mentalität des Wachstums Betrachten Sie einen Rückschlag oder Fehler, den Sie kürzlich bei der Arbeit gemacht haben, als Übung zur Reflexion. Haben Sie ihn als Rückschlag oder als Chance zum Lernen gesehen? Wie können Sie in Zukunft eine wachstumsorientiertere Denkweise entwickeln?

5. Der Resilienz-Zeitplan: Erstellen Sie eine Zeitleiste, die die Hindernisse zeigt, denen Sie in Ihrem Berufsleben begegnet sind und die Sie überwunden haben. Listen Sie die genauen Schritte auf, die Sie unternommen haben, um jedes Hindernis zu überwinden, und die erfolgreichen Ergebnisse, die Sie erzielen konnten. Überlegen Sie, wie diese Begegnungen Ihre allgemeine Belastbarkeit gestärkt haben.

Wichtige Erkenntnisse aus Kapitel 5

1. Stress neu definieren: Wir können die Art und Weise ändern, wie wir schwierige Umstände betrachten, und sie von Hindernissen in Chancen für die persönliche Entwicklung verwandeln. Indem wir die Geschichte umschreiben, können wir unsere Aufmerksamkeit von den Nachteilen auf die möglichen Vorteile lenken, was uns in die Lage versetzt, Hindernissen widerstandsfähiger zu begegnen.

2. Die Kraft der Resilienz: Resilienz ist die Fähigkeit, Hindernisse zu überwinden, sich an Veränderungen anzupassen und sich von Rückschlägen zu erholen. Wenn wir bei der Arbeit Resilienz aufbauen, können wir in Stresssituationen erfolgreich sein, unsere Motivation aufrechterhalten und Stress besser bewältigen.

3. Resilienzstrategien entwickeln: Die Entwicklung einer entwicklungsorientierten Denkweise, die Durchführung von Selbstmitgefühlsübungen, der Aufbau eines Netzwerks von Verbündeten, die Konzentration auf Variablen, die in Ihrer Kontrolle liegen, und die Anerkennung Ihrer Erfolge sind alles nützliche Techniken zur Verbesserung der Belastbarkeit. Durch den Einsatz dieser Techniken können wir die innere Stärke entwickeln, Hindernisse zu überwinden und gestärkt daraus hervorzugehen.

Kapitel 6

Die Kraft der Dankbarkeit: Positivität in einer stressigen Welt kultivieren.

„Dankbarkeit erschließt die Fülle des Lebens. Sie macht aus dem, was wir haben, genug und mehr. Sie verwandelt Verleugnung in Akzeptanz, Chaos in Ordnung und Schwierigkeiten in Gnade." – Melody Beattie

In der heutigen schnelllebigen, zielorientierten Umgebung ist es einfach, sich in der nie endenden Suche nach mehr zu verlieren. Wir vergleichen uns ständig mit anderen, verfolgen Fristen und streben nach Beförderungen. Diese ständige Aufmerksamkeit auf unsere Unzulänglichkeiten kann zu Gefühlen wie Groll, Eifersucht und schließlich Müdigkeit führen.

Dankbarkeit ist das Gegenmittel gegen diese Negativität. Dankbarkeit zu üben bedeutet, alle Segnungen des Lebens anzuerkennen und zu feiern, egal wie klein sie auch sein mögen. Es ist ein bewusster Perspektivwechsel, der Ihre Aufmerksamkeit von dem, was fehlt, auf die Vorteile lenkt, die Sie bereits haben.

Die Bedeutung der Dankbarkeitswissenschaft

Studien belegen, dass Dankbarkeit einen erheblichen Einfluss auf unser Wohlbefinden hat und mehr ist als nur eine Wohlfühlhaltung. Studien haben zahlreiche Vorteile mit Dankbarkeit in Verbindung gebracht, wie zum Beispiel:

- **Weniger Stress und Angst:** Dankbarkeit löst das Belohnungssystem des Gehirns aus, das Wohlfühl-Neurotransmitter wie Serotonin und Dopamin freisetzt. Diese Substanzen wirken den Stresshormonen entgegen, die unter schwierigen Umständen freigesetzt werden, und fördern ein Gefühl von Frieden und Wohlbefinden.
- **Bessere Schlafqualität:** Dankbarkeit kann helfen, den Geist zu beruhigen und einen erholsamen Schlaf zu fördern. Versuchen Sie vor dem Schlafengehen, nur an die guten Dinge zu denken, die im Laufe des Tages passiert sind. Dies kann Ihnen helfen, besser zu schlafen, da Sie nicht über Ihre Ängste und Sorgen grübeln.
- **Verbesserte Beziehungen:** Sich bei jemandem zu bedanken, stärkt die Bindung und fördert gute Beziehungen. Indem Sie Ihre Dankbarkeit für die Bemühungen oder das Mitgefühl einer Person ausdrücken, fördern Sie bessere zwischenmenschliche und berufliche Bindungen, indem Sie der Person das Gefühl geben, geschätzt und wertgeschätzt zu werden.

Verbesserte Lebenszufriedenheit und Glück: Dankbarkeit fördert die Akzeptanz und Wertschätzung Ihres Lebens, so wie es ist. Wenn Sie sich auf das Positive konzentrieren, erreichen Sie ein höheres Maß an allgemeiner Zufriedenheit und Freude.

Die Dankbarkeitsliste: Entwickeln Sie eine Haltung der Dankbarkeit für die Vorteile Ihres Lebens

Dankbarkeit in Ihre täglichen Aktivitäten einzubauen, ist eine einfache, aber effektive Methode, eine optimistischere Einstellung zu entwickeln und Stress zu bewältigen. Die Dankbarkeitsliste ist eines der besten Werkzeuge.

So halten Sie eine Dankbarkeitsliste auf dem neuesten Stand:

- **Zeit festlegen:** Nehmen Sie sich jeden Tag eine kurze Zeit Zeit – am besten direkt vor dem Schlafengehen oder als erstes am Morgen – und schreiben Sie die Dinge auf, für die Sie dankbar sind.
- **Einfacher Einstieg:** Beginnen Sie mit ein paar wesentlichen Dingen, wie Ihrem Wohlbefinden, Ihrer Familie oder einer zufriedenstellenden Tasse Kaffee.
- **Seien Sie detailliert:** Je detaillierter Sie vorgehen, desto stärker ist die Wirkung. Anstatt „Familie" zu sagen, schreiben Sie eine besondere Erinnerung oder Eigenschaft, die Sie an einem Familienmitglied schätzen.
- **Seien Sie für kleine Dinge dankbar:** Warten Sie nicht auf großangelegte Dankbarkeitsbekundungen. Schätzen Sie die

kleinen Dinge im Leben, wie einen schönen Sonnenuntergang, einen fruchtbaren Arbeitstag oder einen aufmunternden Kommentar eines Kollegen.
- **Eine Gewohnheit etablieren:** Zuverlässigkeit ist das A und O. Je regelmäßiger Sie Ihre Dankbarkeit ausdrücken, desto selbstverständlicher wird es Ihnen fallen.

Das Erstellen einer Dankbarkeitsliste ist eine einfache Angewohnheit mit großen Vorteilen. Indem Sie innehalten, um die Segnungen in Ihrem Leben anzuerkennen, schaffen Sie eine optimistischere Geisteshaltung und stärken Ihre Fähigkeit, mit Stress umzugehen.

Die Dankbarkeitsliste: Üben Sie, das Gute in Ihrem Leben zu schätzen.

Dankbarkeit bedeutet, sich auf die guten Dinge im Leben zu konzentrieren, anstatt sich nur auf ein vorübergehendes Gefühl zu verlassen. Die einfache Übung, täglich eine Dankbarkeitsliste zu erstellen und zu führen, ist eine der besten Methoden, Dankbarkeit zu fördern und Stress abzubauen.

In diesem Unterkapitel erfahren Sie, wie Sie Ihre individuelle Dankbarkeitsliste erstellen und in Ihren Alltag integrieren. Indem Sie sich jeden Tag etwas Zeit nehmen, um alle Segnungen des Lebens wahrzunehmen und dafür dankbar zu sein, können Sie eine optimistischere Einstellung entwickeln und Ihre Stressbewältigungsfähigkeit stärken.

Beginn: Den Kontext für Wertschätzung schaffen

Bevor Sie mit der Erstellung Ihrer Liste beginnen, sollten Sie diese vorbereitenden Maßnahmen berücksichtigen, um eine offene und dankbare Denkweise zu entwickeln:

- **Suchen Sie nach einem ruhigen Bereich:** Wählen Sie eine Zeit und einen Ort, an dem Sie Ablenkungen vermeiden können. Dies könnte morgens, direkt vor dem Schlafengehen oder zu einer Zeit geschehen, in der Sie Zeit für Ruhe eingeplant haben.

- **Stellen Sie Ihre Ausrüstung zusammen:** Alles, was Sie brauchen, sind ein paar Minuten Zeit, Stift und Papier oder Ihre bevorzugte Notiz-App.
- **Legen Sie ein Ziel fest:** Seien Sie offen für die guten Dinge im Leben, egal wie klein sie sind, und gehen Sie unvoreingenommen an diese Übung heran.

Eine Dankbarkeitsliste erstellen: Ein umfassender Leitfaden

Nachdem Sie nun die Grundlage für eine achtsame Praxis geschaffen haben, beginnen wir mit der Erstellung Ihrer täglichen Dankbarkeitsliste:

Fangen Sie klein an: Beginnen Sie mit etwas Vernünftigem, etwa drei oder fünf Dingen. Vermeiden Sie Überlastung und geben Sie Qualität den Vorzug vor Quantität.

- **Spezifität übernehmen:** Je spezifischer Ihre Einträge sind, desto größer ist ihre Wirkung. Schreiben Sie etwas anderes als „Familie", beispielsweise eine aktuelle Erinnerung, die Sie mit ihnen geteilt haben, eine besondere Eigenschaft, die Sie an ihnen schätzen, oder eine aufmerksame Tat.
- **Abwechslung ist wichtig**: Beschränken Sie Ihre Liste nicht auf ausführliche Dankesbriefe. Erfreuen Sie sich an den kleinen Dingen im Leben, die Sie glücklich machen. Hier sind einige Fragen, die zum Nachdenken anregen:
- **Netzwerke:** Bedanken Sie sich bei einem Freund, einem Kollegen oder einer geliebten Person für

ein bedeutungsvolles Gespräch oder ein unterstützendes Verhalten.
- **Wellness & Gesundheit:** Genießen Sie die Freiheit zur körperlichen Betätigung, Ihr körperliches Wohlbefinden und eine erholsame Nachtruhe.
- **Persönliches Wachstum:** Drücken Sie Ihre Zufriedenheit mit der Erledigung einer Aufgabe, dem Erlernen einer neuen Fähigkeit oder der Überwindung eines persönlichen Hindernisses aus.
- **Arbeiten:** Drücken Sie Ihre Dankbarkeit für ein erfüllendes Projekt, ein zufriedenstellendes Gespräch mit einem Kunden oder die Chance aus, gemeinsam mit Kollegen zu arbeiten und zu lernen.
- **Die Umgebung, in der Sie leben:** Genießen Sie ein wunderbares Abendessen, einen atemberaubenden Sonnenuntergang oder das Zwitschern der Vögel.
- **Einfache Freuden:** Investieren Sie in ein gutes Buch, einen bequemen Sessel oder eine Tasse Kaffee, um sich Freude zu bereiten.
- **Drücken Sie Ihre Wertschätzung für den Erfolg aus:** Auch wenn es wichtig ist, sich auf alltägliche Erfahrungen zu konzentrieren, haben Sie keine Angst, Ihre Erfolge zu feiern, egal wie klein sie sind. Haben Sie einen neuen Auftrag an Land gezogen? Haben Sie diese schwierige Aufgabe endlich gemeistert? Nehmen Sie sich Zeit, um Ihre harte Arbeit und Ihren Einsatz anzuerkennen.

- **Mach es persönlich:** Ihre Dankbarkeitsliste ist ein Spiegelbild Ihres einzigartigen Lebens. Fügen Sie Dinge hinzu, die Sie glücklich machen, auch wenn sie anderen unwichtig erscheinen.

Den Fluss aufrechterhalten: Dankbarkeit in Ihr tägliches Leben integrieren

Das Erstellen einer Dankbarkeitsliste ist nur der erste Schritt. Um die Vorteile richtig zu nutzen, sollten Sie versuchen, es zu einer regelmäßigen Praxis zu machen:

- **Finden Sie eine Routine:** Planen Sie jeden Tag eine bestimmte Zeit für Ihre Dankbarkeitsliste ein. Ob gleich morgens, vor dem Schlafengehen oder während der Mittagspause – finden Sie eine Zeit, die für Sie passt, und halten Sie sich daran.
- **Seien Sie konsequent:** Üben Sie täglich, auch wenn es nur ein paar Minuten sind. Beständigkeit ist der Schlüssel zur Entwicklung einer Gewohnheit und zum langfristigen Nutzen der Dankbarkeit.
- **Verfolge deinen Fortschritt:** Wenn Sie es hilfreich finden, führen Sie ein spezielles Notizbuch oder eine digitale Datei für Ihre Dankbarkeitslisten. Der Blick auf vergangene Einträge kann eine starke Erinnerung an all die guten Dinge in Ihrem Leben sein, insbesondere in schwierigen Zeiten.
- **Teilen Sie Ihre Wertschätzung:** Teilen Sie Ihre Dankbarkeitseinträge mit Ihren Lieben. Anderen gegenüber Wertschätzung auszudrücken, stärkt

die Bindungen und fördert positive Verbindungen.

Die Macht der kleinen Erfolge: Jeden Tag würdigen

Denken Sie daran, dass das Ziel nicht darin besteht, ein unerreichbares Maß an unendlichem Glück zu erreichen. Es geht darum, eine Wertschätzung für die guten Dinge in Ihrem Leben zu entwickeln, sowohl die großen als auch die kleinen. Ein schlechter Tag löscht nicht alle positiven Aspekte Ihres Lebens aus. Indem Sie konsequent Dankbarkeit üben, trainieren Sie Ihr Gehirn, sich auf das Positive zu konzentrieren, bauen Widerstandsfähigkeit auf und fördern ein Gefühl des Wohlbefindens, das Sie selbst durch die schwierigsten Zeiten tragen kann.

Freude im Alltäglichen finden: Sich wieder den kleinen Freuden hingeben.

In unserer schnelllebigen Gesellschaft ist es leicht, davon besessen zu werden, Meilensteine zu erreichen, die Karriereleiter hinaufzuklettern und dem schwer fassbaren Gefühl von „mehr" nachzujagen. Wir gehen automatisch von einer Pflicht zur nächsten und übersehen dabei die kleinen Freuden, die in gewöhnlichen Momenten verborgen sind. Wenn wir zu sehr beschäftigt sind, kann es sein, dass wir uns von der Gegenwart abgekoppelt fühlen und unser Gefühl von Ehrfurcht und Wertschätzung für die Schönheit um uns herum verlieren.

Das Heilmittel? Den Kontakt zu den bescheidenen Glücksmomenten und einfachen Freuden, die unseren Alltag erfüllen, wieder herzustellen. Wenn wir uns die Zeit nehmen, diese kleinen Momente zu genießen und wertzuschätzen, können sie einen großen Einfluss auf unser allgemeines Wohlbefinden haben und uns helfen, uns auch dann zufrieden zu fühlen, wenn wir unter Stress stehen.

Die Kraft des gegenwärtigen Augenblicks: Zeit der Wertschätzung widmen

Der erste Schritt, um wieder Freude am Alltäglichen zu finden, ist langsamer zu werden und ganz im Hier und Jetzt zu sein. Unsere Gedanken konzentrieren sich oft auf die Vergangenheit oder die Zukunft und übersehen dabei die Fülle an Erfahrungen, die gerade entstehen. Hier sind einige nützliche Tipps, um Präsenz zu entwickeln und Freude an den kleinen Dingen zu finden:

- Achtsame Morgen: Stehen Sie ein paar Minuten früher auf, anstatt die Schlummertaste zu drücken und aus der Tür zu eilen. Genießen Sie eine Tasse Ihres Lieblingstees, schalten Sie Ihr Lieblingslied ein oder setzen Sie sich einfach ruhig hin und genießen Sie die morgendliche Ruhe.
- Das Sinneserlebnis: Nutzen Sie den ganzen Tag über alle Ihre Sinne. Riechen Sie Ihr Essen, genießen Sie das Aroma von frisch gebrühtem Kaffee, spüren Sie die Wärme der Sonne auf Ihrer Haut und lauschen Sie dem Gesang der Vögel vor Ihrem Fenster.
- Technik-Tipp: Planen Sie häufig technikfreie Zeiträume ein. Machen Sie in Ihrer Mittagspause einen Spaziergang im Freien ohne Ihr Telefon oder checken Sie beim Essen einfach nicht Ihre E-Mails. So können Sie die Umgebung um sich herum genießen und im Hier und Jetzt leben.

In Routineaufgaben Glück finden: Das Unauffällige akzeptieren

Die folgenden alltäglichen Beschäftigungen könnten verborgene Schätze sein, die nur darauf warten, ausgegraben zu werden:

1. **Die Kunst des Pendelns:**Betrachten Sie Ihren Arbeitsweg nicht als notwendiges Übel, sondern nutzen Sie ihn als Gelegenheit zum Entspannen. Meditieren Sie Achtsamkeit, hören Sie ein Hörbuch oder schauen Sie einfach aus dem Fenster und genießen Sie die Aussicht.
2. **Die Kraft des Mittagessens:**Machen Sie eine Pause von der Arbeit und entdecken Sie die neu gewonnene Freiheit. Machen Sie einen Spaziergang im Park, machen Sie ein Picknick im Freien oder gehen Sie einfach nach draußen, um etwas Sonnenlicht und frische Luft zu genießen.
3. **Die magische Kraft einer Mahlzeit:**Machen Sie die Mahlzeiten zu einer Gelegenheit der Achtsamkeit. Legen Sie elektronische Geräte weg, um Ablenkungen (Telefone, Computer) zu vermeiden, genießen Sie jede Mahlzeit und seien Sie dankbar für die Nahrung, die Ihr Körper bekommt.
4. **Freude an der Bewegung:**Ob es nur ein kurzer Spaziergang oder leichtes Stretching ist, bringen Sie etwas Bewegung in Ihren Tag. Beim Sport werden Endorphine freigesetzt, natürliche Stimmungsaufheller, die Stress abbauen und das Wohlbefinden steigern.
5. **Die Schönheit der Natur:**Verbringen Sie einige Zeit, auch nur kurz, in der freien Natur. Setzen Sie sich in einer klaren Nacht in einen Park, machen Sie einen Spaziergang im Wald oder sitzen Sie einfach da und schauen Sie in die Sterne. Die Verbindung mit der Natur kann den

Stresspegel erheblich senken und eine tief entspannende Wirkung haben.
6. **Die schöpferische Kraft:** Geben Sie Ihrer kreativen Seite jeden Tag ein wenig Zeit, auch wenn es nur ein paar Minuten sind. Schaffen Sie Kunst jeglicher Art, schreiben Sie, singen Sie, tanzen Sie oder tun Sie alles andere, was Ihnen die Möglichkeit gibt, Ihre Kreativität auszudrücken.
7. **Die Bedeutung der Verbindung:** Verbringen Sie Zeit mit den Menschen, die Sie lieben, auch wenn es nur ein kurzes Mittagessen oder ein Telefongespräch ist. Menschen haben ein Grundbedürfnis nach sozialen Kontakten und erfüllende Beziehungen haben einen großen Einfluss auf unser Glück und unser allgemeines Wohlbefinden.

Dem Alltäglichen Bedeutung verleihen: Wertschätzung für die kleinen Dinge fördern

Das Geheimnis, um im Alltäglichen Glück zu finden, besteht darin, eine Haltung der Dankbarkeit zu entwickeln. Egal, wie unbedeutend sie erscheinen mögen, wenn Sie lernen, die kleinen Dinge wertzuschätzen, kann das Ihre Sichtweise verändern und Ihnen helfen, sich im Hier und Jetzt zufrieden zu fühlen.

Hier sind einige Hinweise, wie Sie dem Alltäglichen Bedeutung verleihen und Dankbarkeit in Ihren Alltag integrieren können:

- *Zeigen Sie Ihre Wertschätzung:* Sagen Sie jemandem, wie sehr Sie ihn schätzen, oder

danken Sie einem Kollegen für seine Hilfe. Anderen gegenüber verbal zu danken ist wichtig.
- *Pflegen Sie ein Joy-Notizbuch:* Anstatt eine herkömmliche Dankesliste zu erstellen, sollten Sie ein „Freudetagebuch" führen. Führen Sie ein Tagebuch über kleine glückliche Ereignisse im Laufe des Tages, wie zum Beispiel einen schönen Sonnenuntergang oder einen humorvollen Austausch mit einem Kollegen. Das erneute Durchgehen dieser Einträge kann als wirksame Erinnerung an die kleinen Freuden des Lebens dienen.
- *Übe Achtsamkeit:* Sie können den gegenwärtigen Moment genießen, ohne zu urteilen, indem Sie Achtsamkeitsübungen machen, um Ihr Bewusstsein für Ihre Gedanken und Gefühle zu schärfen. Im Internet und in Anwendungen finden Sie zahlreiche Achtsamkeitsübungen. Sie können Ihre Fähigkeit, die kleinen Freuden des Lebens zu schätzen, erheblich verbessern, indem Sie jeden Tag nur ein paar Minuten üben.

Den Kreislauf durchbrechen: Von passiver Anerkennung zu aktiver Dankbarkeit

Es bedarf bewusster Anstrengung, um von automatischer zu aktiver Wertschätzung zu gelangen und so eine Verbindung zu den grundlegenden Freuden des Lebens wiederherzustellen. Im Folgenden finden Sie einige Methoden, um den Teufelskreis der Aktivität zu durchbrechen und eine bewusstere tägliche Routine zu entwickeln:

- Planen Sie Freude ein: Nehmen Sie sich Zeit für die Dinge, die Sie glücklich machen, genauso wie Sie es für wichtige Meetings und Termine tun würden. Planen Sie in Ihrem Terminplan Zeit für künstlerische Unternehmungen, romantische Telefonate oder Spaziergänge im Park ein.
- Die Macht des „Nein": Scheuen Sie sich nicht, weitere Verpflichtungen abzulehnen, die Sie erschöpfen und auslaugen könnten. Nehmen Sie sich Zeit für Dinge, die Ihren Geist nähren, und stellen Sie Ihre Gesundheit an erste Stelle.
- Bewusster Konsum: Achten Sie bewusst auf die Nahrung, die Sie zu sich nehmen, sowohl geistig als auch körperlich. Beschränken Sie Ihren Kontakt mit ungünstigen Nachrichtenquellen und Social-Media-Feeds und wählen Sie nahrhafte Mahlzeiten, die Ihren Körper mit Nährstoffen versorgen. Suchen Sie stattdessen nach Dingen, die Sie aufmuntern, inspirieren und glücklich machen.
- Ehren Sie kleine Siege: Warten Sie nicht auf riesige Erfolge, bevor Sie feiern. Belohnen Sie sich für bescheidene Siege, egal wie klein sie erscheinen mögen. Das inspiriert Sie, weiterhin Freude an den kleinen Dingen des Lebens zu finden und ermutigt Sie zu gesundem Handeln.

Der Welleneffekt: Glücklich werden für ein sinnvolleres Leben

Die kleinen Dinge des Lebens zu akzeptieren und Freude im Alltäglichen zu finden, verbessert nicht nur Ihr Wohlbefinden, sondern macht die Welt auch zu einem glücklicheren und lebendigeren Ort. Wertschätzung und Dankbarkeit verbreiten sich wie ein Lauffeuer. Wenn Sie Ihre Freude und Dankbarkeit für die wunderbaren Dinge in Ihrem Leben ausdrücken, können Sie andere dazu ermutigen, dasselbe zu empfinden. Dies hat einen Kaskadeneffekt, der die Umgebung für alle Beteiligten glücklicher und zufriedenstellender macht.

Um Freude am Alltäglichen zu finden, bedarf es beharrlicher Arbeit und der Bereitschaft, den eigenen Standpunkt zu ändern. Aber die Vorteile sind enorm. Sie können Stressresistenz entwickeln, ein Gefühl der Zufriedenheit fördern und ein angenehmeres und sinnvolleres Leben führen, indem Sie lernen, die kleinen Dinge des Lebens und die grundlegenden Freuden des Lebens zu schätzen.

Selbstreflexion

Dankbarkeit kultivieren

1. Wertschätzungsinventar: Überlegen Sie, was in Ihrem Leben gut ist. Wofür sind Sie im Berufsleben dankbar? Für Ihr Privatleben? Für Ihr Wohlbefinden?

2. Konzentrieren Sie sich auf das Positive: Gehen Sie Ihre jüngsten Gedanken zu Ihrer Arbeit durch. Konzentrierten Sie sich eher auf Schwierigkeiten und Ärgernisse als auf Erfolge und positive Aspekte Ihrer Arbeit?

3. Die Freude am Alltäglichen: Denken Sie an einen typischen Tag zurück. Können Sie sich kleine, alltägliche Dinge vorstellen, die Sie glücklich machen, die Sie aber normalerweise ignorieren würden?

4. Dankbarkeit ausdrücken: Bedanken Sie sich häufig bei Freunden, Familie oder Kollegen? Wie können Sie Ihre Dankbarkeit gezielt in Ihren Alltag einbringen?

5. Eine Lücke in der Dankbarkeit: Stellen Sie sich vor, Sie arbeiten an einem produktiven Tag. Stellen Sie sich nun vor, Sie haben einen harten Tag. Gibt es einen bemerkenswerten Unterschied bei den Themen, auf die Sie sich normalerweise konzentrieren? Wie können Sie üben, öfter dankbar zu sein, insbesondere wenn die Dinge schwierig sind?

Transformative Übungen

Dankbarkeit üben

1. Das Glücksglas: Beginnen Sie damit, ein „Freudeglas" zu machen. Schreiben Sie auf kleine Zettel alles, wofür Sie im Laufe des Tages dankbar sind. Nehmen Sie sich am Ende der Woche etwas Zeit, um die Beiträge durchzulesen und an die guten Dinge in Ihrem Leben zurückzudenken.

2. Der Dankesbrief: Verfassen Sie einen Brief, in dem Sie einer Person danken, die Ihr Berufsleben bereichert hat. Sagen Sie ihr, wie sehr Sie ihre Hilfe, ihren Rat oder einfach nur dafür schätzen, dass sie die Arbeit angenehmer macht.

3. Das bewusste Pendeln: Wenn Sie zur Arbeit fahren müssen, nutzen Sie die Zeit, um sich auf Achtsamkeitsübungen zu konzentrieren. Achten Sie auf die Sehenswürdigkeiten, Geräusche und Düfte um Sie herum. Atmen Sie bewusst und halten Sie Ihr Telefon und andere Ablenkungen von sich fern.

4. Die Dankbarkeits-Foto-Challenge: Machen Sie eine Woche lang jeden Tag ein Foto von etwas, für das Sie dankbar sind. Das kann jemand sein, ein Ort, ein Gegenstand oder einfach eine Begegnung. Denken Sie nach der Woche an die Bilder und die Gefühle zurück, die sie bei Ihnen auslösen.

5. Die Social-Media-Entgiftung: Gönnen Sie den sozialen Medien für eine gewisse Zeit eine Pause. Beobachten Sie, wie sich diese Änderung Ihres Medienkonsumverhaltens auf Ihr allgemeines Wohlbefinden und Ihre Stimmung auswirkt.

Wichtige Erkenntnisse aus Kapitel 6

1. Die Kraft der Dankbarkeit: Dankbarkeit verbessert unser Wohlbefinden auf verschiedene Weise. Sie verringert Stress und Ängste, fördert besseren Schlaf, stärkt Beziehungen und steigert unser allgemeines Glücksgefühl und unsere Lebenszufriedenheit. Dankbarkeit ist mehr als nur ein Wohlfühlgefühl.

2. Die Thanksgiving-Liste: Das Erstellen einer Thanksgiving-Liste ist eine einfache, aber wirkungsvolle Möglichkeit, Dankbarkeit zu üben. Sie können Ihre Perspektive dramatisch ändern und Ihre Widerstandsfähigkeit stärken, indem Sie sich jeden Tag eine kleine Zeit nehmen, um an die guten Dinge in Ihrem Leben zurückzudenken, egal wie unbedeutend sie auch sein mögen.

3. Glück im Alltäglichen entdecken: Um Dankbarkeit zu entwickeln, müssen wir eine Verbindung zu den grundlegenden Freuden des Lebens wiederherstellen. Wir können Stressresistenz entwickeln und ein zufriedeneres Leben führen, indem wir langsamer werden, im Hier und Jetzt leben und die kleinen Dinge im Leben genießen, die uns glücklich machen.

Teil 3: Die Verjüngungsphase - Selbstfürsorge hat Priorität

Kapitel 7

Tanken Sie Ihren Motor: Ernährungsstrategien für Spitzenleistungen.

Das Sprichwort „Du bist, was du isst" ist besonders relevant, wenn es um Stressbewältigung und Produktivität am Arbeitsplatz geht. So wie ein Hochleistungsauto Superbenzin braucht, um optimal zu laufen, braucht unser Körper eine gesunde Ernährung, um konzentriert, energiegeladen und allgemein gesund zu sein. Wir können unser Energieniveau, unsere kognitiven Funktionen und unsere Stressbewältigungsfähigkeiten dramatisch steigern, wenn wir wohlüberlegt entscheiden, was wir auf unseren Tellern essen.

Die Verbindung zwischen Gehirn und Körper: Essen zur Leistungssteigerung

Das menschliche Gehirn ist ein komplexes und anspruchsvolles Organ, das unserem Körper viel Energie entzieht. Unsere Nahrungswahl hat direkte Auswirkungen auf die Funktionsweise unseres Gehirns, was wiederum unsere Konzentrationsfähigkeit, Lernfähigkeit und Entscheidungsfähigkeit beeinflusst. Bestimmte Nährstoffe in der Ernährung können die

Aufmerksamkeit, das Gedächtnis und die kognitiven Funktionen den ganzen Tag über verbessern.

Brain Food: Auswahl von Lebensmitteln zur Steigerung von Energie und Konzentration.

Die Lebensmittel, die wir essen, haben einen direkten Einfluss auf unsere Konzentrationsfähigkeit, unsere Energie und unsere Fähigkeit, die Belastungen eines anspruchsvollen Arbeitsplatzes zu bewältigen. Sie können Ihre kognitiven Fähigkeiten erheblich verbessern und Ihr Gehirn auf optimale Leistung vorbereiten, indem Sie bestimmten Nährstoffen in Ihrer Ernährung Priorität einräumen. In diesem Abschnitt wird das Konzept „Gehirnnahrung" untersucht und ein nützliches „Gehirnnahrungsmenü" mit gezielten Vorschlägen für Berufstätige angeboten, die ihr Energie- und Aufmerksamkeitsniveau maximieren möchten.

Boost Your Plate: Wichtige Nährstoffe für die geistige Leistungsfähigkeit

Für eine optimale Gehirnfunktion achten Sie auf diese wichtigen Nährstoffe:

- **Komplexe Kohlenhydrate:** Der Eckpfeiler einer Ernährung, die die kognitiven Funktionen verbessert, sind komplexe Kohlenhydrate. Sie liefern gleichmäßig Energie und verhindern Blutzuckerspitzen, die Erschöpfung und Konzentrationsschwierigkeiten verursachen können. Vollkornprodukte sind eine gute Quelle dafür, darunter Quinoa, brauner Reis und Vollkornbrot.

Menü für Brainfood: Schwierige Kohlenhydratauswahl

Vollkornpfannkuchen mit griechischem Joghurt und Obst, Vollkorntoast mit Avocado und Eiern sowie Haferbrei mit Beeren und Nüssen sind einige der Optionen zum Frühstück.

Quinoa-Salat mit geröstetem Gemüse und gegrilltem Hähnchen, eine Schüssel brauner Reis mit Tofu und gebratenem Gemüse sowie ein Vollkorn-Wrap mit Hummus und geröstetem Gemüse sind einige Optionen für das Mittagessen.

- **Snacks:** Mit Heißluft zubereitetes Popcorn, Apfelscheiben mit Mandelbutter und Vollkorncracker mit Käse.
- **Mageres Eiweiß:** Protein ist ein wesentlicher Bestandteil der Gehirnzellen und hilft auch, den Blutzuckerspiegel stabil zu halten. Tofu, gegrilltes Hähnchen, Fisch, Bohnen, Linsen und Tofu sind Beispiele für magere Proteinnahrungsmittel, die Ihnen ein Sättigungsgefühl geben und Heißhunger auf Süßes verhindern, der zu einem Zuckerschock führen könnte.

Brainfood-Menü: Optionen für mageres Protein

- Zum Frühstück stehen unter anderem Rührtofu mit Gemüse, griechischer Joghurt mit Beeren und Müsli sowie Rührei mit Vollkornbrot zur Auswahl.

- Probieren Sie zum Mittagessen gebackenen Lachs mit geröstetem Gemüse, gegrillte Hähnchenbrust mit Beilagensalat oder Linsensuppe mit Vollkornbrot.
- Snacks: gerollte Vollkorntortillas mit Putenscheiben, Edamame und griechischem Joghurt, garniert mit Mandeln und Samen.
- Nährstoffreiche Fette: Gesunde Fette sind trotz ihres häufigen Stigmas für das Wachstum und die Funktion des Gehirns von entscheidender Bedeutung. Sie unterstützen Lernen, Gedächtnis und kognitive Funktionen. Sie sollten Lebensmittel wie Avocados, fetten Fisch (Thunfisch, Lachs), Nüsse (Mandeln, Walnüsse) und Samen (Chia, Flachs und Leinsamen) in Ihre Ernährung aufnehmen.

Brainfood-Menü: Optionen für gute Fette

- Probieren Sie zum Frühstück den Avocado-Toast mit pochierten Eiern, den Smoothie aus griechischem Joghurt, Spinat und Beeren oder den Haferbrei mit Chiasamen und Nussbutter darüber geträufelt.
- Zum Mittag stehen Linsensuppe mit einem Schuss Olivenöl, ein Thunfischsalat-Sandwich auf Vollkornbrot und ein Salat mit gegrilltem Lachs und Avocado zur Auswahl.
- Snacks: geschnittene Avocado mit einem Spritzer Zitronensaft, eine Handvoll gemischter Nüsse und Samen und in Olivenöl getränkte Edamame.

Mehr als nur Makronährstoffe: Mikronährstoffe zur Steigerung der Intelligenz

Obwohl Makronährstoffe wie Lipide, Proteine und Kohlenhydrate notwendig sind, sollten Sie die Bedeutung von Mikronährstoffen nicht unterschätzen. Mineralien und Vitamine sind für eine gute Gehirnfunktion unerlässlich. Auf die folgenden Mikronährstoffe sollten Sie achten:

- B-Vitamine: B-Vitamine sind für die Energiesynthese und die geistige Leistungsfähigkeit unerlässlich. Vollkornprodukte, Hülsenfrüchte, grünes Blattgemüse und Nüsse sind Beispiele für Vitamine.
- Vitamin D: Kognitive Beeinträchtigungen werden mit Vitamin-D-Mangel in Verbindung gebracht. Gute Vitamin-D-Quellen sind angereicherte Mahlzeiten, Eier und fetter Fisch.
- Eisen: Der Körper, insbesondere das Gehirn, ist auf Eisen angewiesen, um Sauerstoff zu liefern. Gute Eisenquellen sind Hühnchen, Bohnen, Linsen und mageres rotes Fleisch.
- Magnesium: Dieses Mineral unterstützt die kognitive Funktion und reguliert Neurotransmitter. Vollkorn, Nüsse, Samen und grünes Blattgemüse sind hervorragende Magnesiumlieferanten.

Abrufen: Dieses Brainfood-Menü ist keine strenge Vorschrift, sondern eher eine Empfehlung. Um Ihr Gehirn mit den Nährstoffen zu versorgen, die es für optimale Leistung benötigt, ist es wichtig, die Aufnahme dieser nährstoffreichen Lebensmittel über den Tag zu verteilen.

Erstellen einer langfristigen Diät, die die Gehirnfunktion steigert

Hier sind einige weitere Hinweise für die Erstellung einer langfristigen Ernährung, die die kognitive Funktion verbessert:

- Untersuchen Sie die Lebensmitteletiketten: Achten Sie beim Kauf von abgepackten Lebensmitteln auf zusätzlichen Zucker und ungesunde Fette.
- Planen Sie Ihre Mahlzeiten: Wenn Sie Ihre Snacks und Mahlzeiten im Voraus organisieren, kann Sie das dazu anregen, sich während des Arbeitstages gesund zu ernähren.
- Kochen Sie öfter: Wenn Sie Ihre Mahlzeiten zu Hause zubereiten, haben Sie mehr Kontrolle über die Zutaten und Portionsgrößen.
- Verzichten Sie nicht auf Süßes: Gönnen Sie sich auch mal etwas, aber essen Sie bewusst und genießen Sie Süßes.
- Sorgen Sie für ausreichend Flüssigkeitszufuhr: Um die bestmögliche Gehirnfunktion zu gewährleisten, trinken Sie viel Wasser. Das Ziel sind acht Gläser Wasser pro Tag.

Tipps zur Flüssigkeitszufuhr: Halten Sie Körper und Geist fit.

Da unser Gehirn zu etwa 80 % aus Wasser besteht, ist es nicht verwunderlich, dass eine ausreichende Flüssigkeitszufuhr für die kognitiven Funktionen unerlässlich ist. Schon eine geringe Dehydrierung beeinträchtigt unsere Fähigkeit, uns zu fokussieren, zu konzentrieren und Aufgaben zu erfüllen. Müdigkeit, Kopfschmerzen und Gedächtnisprobleme können allesamt Anzeichen für Dehydrierung sein.

Die gute Nachricht? Sie können Ihr allgemeines Wohlbefinden, Ihr Energieniveau und Ihre kognitive Leistungsfähigkeit erheblich steigern, indem Sie ausreichend Flüssigkeit zu sich nehmen. In diesem Abschnitt erfahren Sie, wie wichtig es ist, ausreichend zu trinken, und erhalten hilfreiche Ratschläge, wie Sie sicherstellen können, dass Sie im Laufe des Tages genügend Wasser zu sich nehmen.

Die Wissenschaft der Flüssigkeitszufuhr: Warum Wasser für Ihr Gehirn wichtig ist

Wasser ist für viele biologische Prozesse unentbehrlich, zum Beispiel:

- Wasser fördert die effektive Kommunikation der Gehirnzellen: Fokus, Konzentration und kognitive Funktionen hängen von einer effizienten Kommunikation der Gehirnzellen ab.

- Nährstoffzufuhr: Wasser versorgt das Gehirn mit dem Treibstoff, den es für eine optimale Funktion benötigt, indem es ihm lebenswichtige Nährstoffe zuführt.
- Abfallbeseitigung: Wasser unterstützt klares Denken und die allgemeine Gesundheit des Gehirns, indem es Abfallprodukte und Gifte aus dem Gehirn entfernt.
- Temperaturregulierung: Wasser hilft bei der Regulierung der Körper- und Gehirntemperatur. Eine durch Dehydrierung verursachte Überhitzung kann die kognitive Leistungsfähigkeit beeinträchtigen.

Wozu wird Wasser benötigt?

Für diese Frage gibt es keine allgemeingültige Antwort. Der individuelle Wasserbedarf variiert je nach Gewicht, Trainingsintensität und Klima. Als Faustregel gilt, dass man täglich acht Gläser (oder zwei Liter) Wasser trinken sollte.

Hier sind noch ein paar Dinge, über die Sie nachdenken sollten:

- Bewegung: Wenn Sie häufig Sport treiben, müssen Sie zusätzlich Wasser trinken, um den Flüssigkeitsverlust durch Schwitzen auszugleichen.
- Klima: In heißen und schwülen Regionen ist eine erhöhte Wassertrinkmenge erforderlich, da die Schweißproduktion zunimmt.
- Ernährung: Obwohl der Verzehr von viel Obst und Gemüse Ihnen dabei helfen kann,

einigermaßen hydriert zu bleiben, ist Wasser dennoch notwendig.

Tipps zur Flüssigkeitszufuhr für Berufstätige unterwegs

Während einer anstrengenden Schicht ausreichend Flüssigkeit zu sich zu nehmen, kann schwierig sein. Die folgenden nützlichen Ratschläge helfen Ihnen dabei, Ihre täglichen Wasseraufnahmeziele zu erreichen:

- Haben Sie immer eine wiederverwendbare Wasserflasche bei sich: Tragen Sie den ganzen Tag über eine wiederverwendbare Wasserflasche bei sich, die Sie gerne verwenden.
- Machen Sie sich Notizen: Um sich daran zu erinnern, regelmäßig Wasser zu trinken, stellen Sie den Alarm auf Ihrem Telefon ein oder verwenden Sie eine Flüssigkeitszufuhr-App.
- Geben Sie ihm mehr Geschmack: Um einfachem Wasser einen natürlichen Geschmack zu verleihen, versuchen Sie, Zitronen-, Gurken- oder Beerenscheiben hinzuzufügen.
- Machen Sie Wasser zu Ihrem Lieblingsgetränk: Entscheiden Sie sich besonders morgens für Wasser anstelle von zuckerhaltigen oder koffeinhaltigen Getränken.
- Überwachen Sie Ihren Wasserverbrauch: Um Sie bei der Überwachung Ihres täglichen Wasserverbrauchs zu unterstützen, stehen Ihnen verschiedene Flüssigkeitszufuhranwendungen zur Verfügung.

Das Problem der Dehydration: Eine Woche Hydratationskonzentration

Sind Sie bereit, Ihre Trinkgewohnheiten auf die Probe zu stellen und die Ergebnisse selbst zu sehen? Um Ihnen den Einstieg zu erleichtern, haben wir hier eine einwöchige Hydratations-Challenge für Sie:

Tag 1: Führen Sie täglich ein Protokoll über die Wassermenge, die Sie konsumieren. Seien Sie ehrlich zu sich selbst, wenn es darum geht, wie viel Wasser Sie normalerweise trinken.

Tag 2: Legen Sie einen vernünftigen täglichen Wasserverbrauch fest. Wenn Sie jetzt noch nicht genug trinken, steigern Sie den Wasserverbrauch zunächst ein wenig.

Tag 3: Investieren Sie in eine wiederverwendbare Wasserflasche. So macht es noch mehr Spaß, den ganzen Tag Wasser bei sich zu tragen.

Tag 4: Laden Sie eine Trink-App herunter, um Ihren Wasserverbrauch zu überwachen und Erinnerungen zu erstellen.

Tag 5: Um Ihrem Wasser einen angenehmen Geschmacksschub zu verleihen, geben Sie Zitronen-, Gurken- oder Beerenscheiben hinzu.

Tag 6: Ersetzen Sie Kaffee und zuckerhaltige Getränke im Laufe des Tages durch Wasser.

Tag 7: Bewerten Sie Ihre Entwicklung. Fühlen Sie sich wacher, konzentrierter oder energiegeladener, seit Sie sich auf die Flüssigkeitszufuhr konzentrieren?

Über das Hindernis hinaus: Dauerhafte Trinkroutinen etablieren

Obwohl die Hydration Challenge ein toller Einstieg ist, besteht das eigentliche Ziel darin, langfristige Trinkgewohnheiten zu entwickeln, die sich natürlich in Ihren Tagesablauf einfügen. Hier sind noch ein paar weitere Hinweise:

- **Wasser und Nahrung aufeinander abstimmen:** Das Trinken eines Glases Wasser vor, während und nach den Mahlzeiten sollte zur Selbstverständlichkeit werden.
- **Trinken Sie Wasser, wenn Sie aufwachen:** Sorgen Sie nach einer durchwachten Nacht für ausreichend Flüssigkeitszufuhr, indem Sie Ihren Tag mit einem Glas Wasser beginnen.
- **Flüssigkeitszufuhr vor dem Training:** Sorgen Sie vor, während und nach dem Training für ausreichende Flüssigkeitszufuhr.
- **Achten Sie auf Ihren Körper:** Achten Sie auf die Durstsignale Ihres Körpers und trinken Sie kleine Schlucke Wasser, bevor Sie dehydrieren.
- **Ehren Sie Ihre Erfolge:** Belohnen Sie sich, wenn Sie Ihre täglichen Wasserkonsumziele erreichen.
- **Die Macht des Wassers:** Eine abschließende Bemerkung zur Hydratation

Obwohl Wasser die wichtigste und am leichtesten zugängliche Flüssigkeitsquelle ist, können Sie den Flüssigkeitsbedarf Ihres Körpers auch mit den folgenden alternativen Methoden decken:

- **Obst und Gemüse mit hohem Wassergehalt:** Ihr täglicher Flüssigkeitsbedarf wird durch den hohen Wassergehalt vieler Obst- und Gemüsesorten gedeckt. Denken Sie an Beeren, Gurken, Sellerie, Melonen und Spinat.
- **Kräutertees:** Das Trinken ungesüßter Kräutertees hilft Ihnen, hydriert und erfrischt zu bleiben und gleichzeitig Ihre Flüssigkeitsaufnahme zu erhöhen. Für einen beruhigenden Geschmack am Abend probieren Sie Kamille oder Pfefferminze; für einen belebenden Geschmack am Morgen probieren Sie Ingwer oder Zitrone.
- **Elektrolyt-Nachschub:** Wenn Sie viel Sport treiben oder in einer heißen Gegend leben, sollten Sie mit Elektrolyten angereicherte Getränke trinken, um verlorene Mineralien wie Kalium und Salz auszugleichen. Achten Sie jedoch auf den zusätzlichen Zucker in diesen Getränken und wählen Sie solche mit weniger Zucker.

Flüssigkeitszufuhr und geistige Funktion: Eine lohnende Investition

Ihre kognitive Leistungsfähigkeit wird sich deutlich verbessern, wenn Sie das Trinken von ausreichend Wasser zu einer Priorität machen und es in Ihren allgemeinen Gesundheitsplan einbeziehen. Sie werden sich über längere Zeiträume konzentrieren können, Ihre Aufmerksamkeit besser fokussieren und geistig klarer sein. Die Vorteile gehen über die geistige Gesundheit hinaus und umfassen eine verbesserte Stimmung, Vitalität und ein allgemeines körperliches Wohlbefinden. Denken Sie daran, dass eine ausreichende

Flüssigkeitszufuhr eine Investition in Ihr Gehirn ist, das Ihr wichtigster Besitz ist.

Wasser und Nahrung sind unerlässlich, um Ihren Körper mit dem Treibstoff zu versorgen, den er braucht, um optimal zu funktionieren. Dieses Kapitel enthält hilfreiche Tipps zur Flüssigkeitszufuhr und Ideen für Brainfood, mit denen Sie Ihrem Körper und Geist den Treibstoff geben können, den sie brauchen, um den ganzen Arbeitstag über gut zu funktionieren.

Selbstreflexion

Tanken Sie Ihren Motor

1. **Ernährungsbewusstsein:** Überprüfen Sie Ihren normalen täglichen Ernährungsplan. Sind mageres Eiweiß, gesunde Fette und komplexe Kohlenhydrate vorrangig? Gibt es Bereiche, die möglicherweise verbessert werden müssen?

2. **Auswahl an Brainfood:** Denken Sie an Ihre typischen Mittag-, Snack- und Frühstücksgewohnheiten. Wie viele davon würden gemäß den Vorschlägen in diesem Kapitel als „Gehirnnahrung" betrachtet werden?

3. **Trinkgewohnheiten:** Bewerten Sie Ihre aktuellen Wasseraufnahmemuster. Wie viel Wasser trinken Sie normalerweise im Laufe des Tages? Was sind die größten Hindernisse, die Sie überwinden müssen, wenn Sie versuchen, ausreichend Flüssigkeit zu sich zu nehmen?

4. **Die Macht der Planung:** Planen Sie Ihre Mahlzeiten und Snacks bewusst oder fällen Sie häufig voreilige

Entscheidungen? Wie könnte die Essensplanung in eine Ernährung passen, die die Gehirnfunktion verbessert?

5. Über das Übliche hinausgehen: Mikronährstoffe und Makronährstoffe waren die Hauptthemen dieses Kapitels. Nehmen Sie zusätzliche Vitamine ein, um Ihre allgemeine Gesundheit oder Ihre kognitiven Funktionen zu verbessern? Wenn ja, haben Sie mit einem Arzt darüber gesprochen?

Transformativ

Gehirnleistung durch Essen steigern

1. Das Brain Food Audit: Führen Sie eine Woche lang ein Notizbuch, in dem Sie alles aufzeichnen, was Sie essen und trinken. Überprüfen Sie nach einer Woche, was Sie zu sich genommen haben. Bestimmen Sie Bereiche, in denen Sie die Aufnahme der im Kapitel aufgeführten Lebensmittel, die die Gehirnfunktion unterstützen, erhöhen können.

2. Nehmen Sie die Meal-Prep-Challenge an indem Sie sich vornehmen, Ihre Mahlzeiten und Snacks eine Woche im Voraus zuzubereiten. Achten Sie darauf, möglichst viele der gehirnfördernden Elemente des Kapitels zu nutzen.

3. Die Hydratations-Herausforderung: Schließen Sie die Hydratations-Challenge des Kapitels ab. Behalten Sie eine Woche lang im Auge, wie viel Wasser Sie trinken, setzen Sie sich realistische Ziele und probieren Sie verschiedene Strategien aus, um mehr Wasser zu trinken.

4. Das Smoothie-Experiment: Suchen und machen Sie ein paar Smoothie-Rezepte mit Lebensmitteln und Milchprodukten, die nachweislich die kognitive Funktion verbessern. Probieren Sie mehrere Geschmackskombinationen aus, bis Sie etwas finden, das Ihnen schmeckt.

5. Der bewusste Esser: Wählen Sie diese Woche eine Mahlzeit aus, bei der Sie sich auf bewusstes Essen konzentrieren. Achten Sie beim Essen auf alle Ihre Sinne: Geschmack, Konsistenz, Geruch und Aussehen der Mahlzeit. Kauen Sie sorgfältig und genießen Sie jeden Bissen. Beobachten Sie, wie sich Ihr Genuss beim Essen und Ihr Sättigungsgefühl verändern, wenn Sie bewusst essen.

Wichtige Erkenntnisse aus Kapitel 7

1. Essen als Leistungstreibstoff: Unsere Ernährungsgewohnheiten haben unmittelbare Auswirkungen auf unser Energieniveau, unsere kognitiven Fähigkeiten und unsere Stressbewältigungsfähigkeiten. Gehirnfördernde Mahlzeiten können uns dabei helfen, unseren Körper und unser Gehirn mit Energie zu versorgen, damit sie optimal funktionieren.

2. Das Brainfood-Menü: Dies ist ein nützliches Handbuch zur Integration komplexer Kohlenhydrate, magerem Eiweiß, gesunder Fette und wichtiger Mikronährstoffe in Ihre Ernährung, die für die kognitive Leistungsfähigkeit notwendig sind.

3. Flüssigkeitszufuhr für kognitive Leistungsfähigkeit: Eine ausreichende Flüssigkeitszufuhr ist für eine optimale Gehirngesundheit unerlässlich. Dehydration kann die Konzentrationsfähigkeit und das klare Denken beeinträchtigen.

4. Dauerhafte Gewohnheiten schaffen: Um die langfristigen Vorteile dieses Kapitels zu erreichen, ist es wichtig, dauerhafte Gewohnheiten rund um die Auswahl gehirnfördernder Nahrungsmittel und ausreichend Wasser zu schaffen.

5. Investition in Ihr Gehirn: Wenn Sie gesunder Ernährung und ausreichender Flüssigkeitszufuhr Priorität einräumen, investieren Sie in Ihr Gehirn, das Ihr wertvollster Besitz ist.

Kapitel 8

Schlafparadies: Erstellen Sie eine nächtliche Routine für erholsamen Schlaf.

Das Zitat „Erfahrung ist die einzige Quelle des Wissens" wird Albert Einstein zugeschrieben. Dieses Zitat hebt nicht nur den Wert des Lernens durch Handeln hervor, sondern unterstreicht auch, wie wichtig Schlaf für die Stärkung des Gedächtnisses und die Verbesserung der kognitiven Funktion ist. Im Schlaf ordnet unser Gehirn Informationen, weckt Erinnerungen und bereitet sich auf den nächsten Tag vor. Doch erholsamer Schlaf wird in der schnelllebigen Welt von heute oft vernachlässigt. Dieses Kapitel befasst sich mit der Bedeutung der Entwicklung erholsamer Schlafumgebungen und guter Schlafhygienepraktiken, um Burnout vorzubeugen und höchste kognitive Leistungsfähigkeit zu gewährleisten.

Die Kraft des Schlafes: Die Bedeutung erholsamen Schlafes

Betrachten Sie die folgende Statistik: Erwachsene brauchen für optimale Leistungsfähigkeit 7-8 Stunden Schlaf pro Nacht. Dennoch zeigen Untersuchungen, dass etwa ein Drittel der erwachsenen Bürger der Industrieländer nicht ausreichend Schlaf bekommt. Unsere körperliche und geistige Gesundheit kann durch anhaltenden Schlafmangel stark beeinträchtigt werden, was zu Folgendem führen kann:

Verminderte Aufmerksamkeit und kognitive Funktion; beeinträchtigtes Gedächtnis und Entscheidungsfindung; erhöhtes Risiko für langfristige Erkrankungen wie Diabetes, Herzkrankheiten und Fettleibigkeit; geschwächtes Immunsystem; depressive Stimmung und erhöhtes Stressniveau

Die gute Nachricht ist, dass wir die Qualität unseres Schlafes erheblich steigern und die vielen Vorteile eines besseren Schlafs nutzen können, indem wir eine Schlafoase einrichten und die richtige Schlafhygiene praktizieren.

Schaffen Sie Ihre Schlafoase: Der Einfluss der Umgebung

Um Entspannung zu fördern und optimale Bedingungen für eine erholsame Nachtruhe zu schaffen, ist unsere Schlafumgebung sehr wichtig. Berücksichtigen Sie bei der Gestaltung Ihrer Schlafoase die folgenden wichtigen Faktoren:

- Der optimale Temperaturbereich zum Schlafen liegt zwischen 15,5 und 19,4 Grad Celsius. Eine kalte Einstellung hilft dabei, die Körpertemperatur die ganze Nacht über zu regulieren und fördert einen tieferen Schlaf.
- Licht: Die besten Voraussetzungen für den Schlaf sind Dunkelheit. Investieren Sie in eine Augenmaske oder Verdunkelungsvorhänge, um Lichtquellen vollständig auszublenden.
- Lärm: Verwenden Sie Ohrstöpsel oder einen Generator für weißes Rauschen, um störende Geräusche zu reduzieren.
- Komfort: Sorgen Sie dafür, dass Ihr Schlafzimmer gemütlich und einladend ist. Investieren Sie in Kissen, die den richtigen Halt bieten, und eine hochwertige Matratze.
- Über das Übliche hinaus: Ein sinnliches Refugium schaffen
- Aromatherapie: Düfte wie Kamille oder Lavendel können beruhigend wirken. Verwenden Sie wenn möglich Bettwäsche mit mildem Duft oder Diffusoren für ätherische Öle.

- Ruhige Anstrichfarben: Verwenden Sie neutrale Farben, Blau- oder Grüntöne als beruhigende Anstrichfarben für Ihr Schlafzimmer.
- Sortieren und entrümpeln: Ein unordentliches Schlafzimmer kann Stress und visuelle Hektik verursachen. Für eine ruhigere Atmosphäre räumen Sie Ihren Bereich auf und stellen Sie sicher, dass alles an seinem richtigen Platz ist.

Die Investition in hochwertige Bettwäsche trägt zu einer erholsamen Nachtruhe bei. Bequeme Decken und Laken aus atmungsaktiven Stoffen wie Baumwolle können dabei helfen.

Checkliste zur Schlafhygiene: Schlaffördernde Routinen

Nachdem wir nun die Bedeutung einer ruhigen Schlafumgebung besprochen haben, wollen wir uns nun mit der Wirksamkeit guter Schlafhygienepraktiken befassen. Indem sie die Schlafqualität verbessern, tragen diese Techniken zur Regulierung Ihres zirkadianen Rhythmus bei, also des natürlichen Schlaf-Wach-Rhythmus Ihres Körpers.

Die Schlafhygiene-Checkliste

- Schaffen Sie einen konsistenten Schlafplan: Nehmen Sie sich auch am Wochenende jeden Tag Zeit, um ins Bett zu gehen und aufzustehen. Um Ihren zirkadianen Rhythmus beizubehalten, ist Kontinuität erforderlich.
- Etablieren Sie eine ruhige Schlafenszeitroutine: Etablieren Sie ein friedliches Ritual, das Ihrem

Körper signalisiert, dass es Zeit ist, vor dem Schlafengehen zu entspannen. Dazu können Dinge wie das Lesen eines Buches, ein warmes Bad oder Entspannungsübungen wie tiefes Atmen oder Meditation gehören.
- Vor dem Schlafengehen abschalten: Nehmen Sie sich mindestens eine Stunde vor dem Schlafengehen Zeit, um die Nutzung von Bildschirmen zu vermeiden. Das blaue Licht elektronischer Geräte kann die Synthese von Melatonin hemmen, einem Hormon, das den Schlaf steuert.
- Beschränken Sie Ihren Alkohol- und Koffeinkonsum: Obwohl Koffein Ihnen anfangs dabei helfen kann, sich wach zu fühlen, kann es Ihnen auch das Einschlafen erschweren. Vermeiden Sie nachmittags und abends Koffein. Obwohl Alkohol anfangs Schläfrigkeit verursachen kann, beeinträchtigt er den Schlaf in der Nacht.
- Treiben Sie regelmäßig Sport: Die Schlafqualität kann durch regelmäßige körperliche Betätigung verbessert werden. Vermeiden Sie jedoch intensive Aktivitäten kurz vor dem Schlafengehen, da diese anregend wirken können.
- Stress kontrollieren: Die Schlafqualität kann durch anhaltenden Stress stark beeinträchtigt werden. Entspannen Sie sich vor dem Schlafengehen mit stressreduzierenden Übungen wie Yoga, Meditation oder tiefer Atmung.

- Genießen Sie morgens natürliches Licht: Verbringen Sie Ihren Morgen im natürlichen Licht. Dies unterstützt das Wachwerden während des Tages und hilft, Ihren zirkadianen Rhythmus auszugleichen.
- Führen Sie ein Schlaftagebuch: Wenn Sie Probleme beim Einschlafen haben, beobachten Sie Ihre Schlafmuster und notieren Sie mögliche Ursachen für Ihre Schlafstörungen.

Schaffen Sie in Ihrem Bett eine Schlafoase statt eines Schlachtfelds:

- Nutzen Sie Ihr Bett für Schlaf und Intimität: Nutzen Sie Ihr Bett nicht zum Arbeiten, Fernsehen oder Essen im Bett. Dies erleichtert die Assoziation des Bettes mit Ruhe und Schlaf in Ihrem Gehirn.
- Vermeiden Sie lange Nickerchen tagsüber: Diese Nickerchen können Ihren Schlaf in der Nacht stören. Wenn Sie schlafen müssen, beschränken Sie es auf 20 bis 30 Minuten und machen Sie am späten Nachmittag kein Nickerchen.
- Vermeiden Sie es, den Schlaf zu erzwingen: Wenn Sie nach 20 Minuten immer noch nicht einschlafen können, stehen Sie auf und tun Sie etwas Beruhigendes, bis Sie müde werden. Es kann stressig und schwierig sein, einzuschlafen, wenn Sie wach im Bett liegen.
- Suchen Sie ärztlichen Rat: Wenn Sie diese Vorschläge ausprobieren und immer noch Einschlafschwierigkeiten haben, sprechen Sie mit Ihrem Arzt. Ihre Schlafprobleme können durch

zugrunde liegende Erkrankungen verursacht werden.

Nachhaltige Schlafgewohnheiten aufbauen: Die Macht der Beständigkeit

Denken Sie daran, dass die Einrichtung eines Schlafresorts und die Entwicklung guter Schlafhygienepraktiken eher ein Prozess als ein Endziel ist. Feiern Sie Ihre Erfolge und üben Sie Selbstmitgefühl. Ihre Fähigkeit einzuschlafen und erfrischt und voller Energie aufzuwachen, wird sich mit der Konstanz Ihres Schlafrhythmus verbessern.

Sie investieren in Ihr allgemeines Wohlbefinden, wenn Sie dem Schlaf Priorität einräumen und eine Schlafoase einrichten. Für geistige Klarheit, emotionale Ausgeglichenheit und körperliches Wohlbefinden ist ausreichend Schlaf entscheidend. Wenn Sie diesen schlaffördernden Techniken höchste Priorität einräumen, können Sie Ihren Stress besser kontrollieren, Ihre Stimmung verbessern und Ihrem Gehirn den Treibstoff geben, den es braucht, um den ganzen Arbeitstag über optimal zu funktionieren.

Selbstreflexion

Schlaf-Heiligtum

1. Schlafbewertung: Seien Sie ehrlich, was Ihren aktuellen Schlaf betrifft. Schlafen Sie normalerweise sieben bis acht Stunden pro Nacht? Wie oft wachen Sie mit einem Gefühl der Erholung und Energie auf?

2. Die Schlafatmosphäre: Beurteilen Sie die Umgebung, in der Sie schlafen. Ist Ihr Schlafzimmer ruhig, still und dunkel? Ist Ihre Matratze stützend und bequem? Gibt es irgendwelche Ablenkungen, die Sie vom Schlafen abhalten könnten?

3. Elektronische Abendroutinen: Wie lange nutzen Sie normalerweise Telefone, Computer oder Tablets vor dem Schlafengehen? Fällt es Ihnen schwer einzuschlafen, nachdem Sie einen Bildschirm benutzt haben?

4. Die Routine vor dem Schlafengehen: Befolgen Sie vor dem Schlafengehen eine beruhigende Routine? Wenn ja, welche Dinge gehören dazu? Wie kann Ihr Tagesablauf verbessert werden, um einen tieferen Schlaf zu fördern?

5. Stressbewältigung: Leiden Sie täglich unter Dauerstress? Wie gehen Sie derzeit mit Stress um? Gibt es andere Methoden, mit denen Sie sich vor dem Schlafengehen entspannen können?

Transformative Übungen

Erholsamen Schlaf fördern

1.Die Umgestaltung Ihres Schlafraums: Bestimmen Sie zwei oder drei Aspekte Ihres Schlafraums, die verbessert werden müssen. Dies kann das Aufräumen von etwas Platz, der Kauf von Verdunkelungsvorhängen oder das Ersetzen Ihrer Bettwäsche sein. Nehmen Sie die erforderlichen Anpassungen vor, um eine Umgebung zu schaffen, die den Schlaf fördert.

2.Die Power Down-Challenge: Setzen Sie sich das Ziel, jede Woche nicht mehr als zwei Stunden vor dem Schlafengehen ohne die Nutzung elektronischer Geräte zu verbringen. Behalten Sie Ihre Schlafqualität im Auge und notieren Sie sich, wenn Sie besser einschlafen oder erholt aufwachen.

3.Das ruhige Abendritual: Etablieren Sie ein beruhigendes Abendritual, das Ihrem Körper signalisiert, wann es Zeit ist, sich zu entspannen. Denken Sie an beruhigende Aktivitäten wie das Lesen eines Buches, tiefe Atemübungen oder das Hören entspannender Musik. Vielleicht nehmen Sie sogar ein warmes Bad.

4.Das Lichtexperiment: Setzen Sie sich morgens dem natürlichen Licht aus und meiden Sie nachts starkes Licht. Beachten Sie, wie sich die Kontrolle Ihrer Lichtexposition auf Ihren Schlaf-Wach-Rhythmus auswirkt.

5.Das Schlaftagebuch: Führen Sie eine Woche lang in einem Schlaftagebuch Ihre Schlafgewohnheiten. Wann Sie zu Bett gegangen sind, wie lange Sie zum Einschlafen gebraucht haben, wie oft Sie nachts aufgewacht sind und wann Sie morgens aufgestanden sind, sind alles wichtige Fakten, die Sie eintragen sollten. Untersuchen Sie Ihre Notizen, um Trends oder andere Elemente zu erkennen, die Ihre Schlafqualität beeinflussen könnten.

Wichtige Erkenntnisse aus Kapitel 8

1. **Die Kraft des guten Schlafs:** Ausreichender Schlaf ist für geistige Klarheit, emotionale Kontrolle und eine gute körperliche Gesundheit notwendig. Wenn Sie guten Schlaf zur Priorität machen, ist das eine Investition in Ihr allgemeines Wohlbefinden.

2. **Eine Schlafoase schaffen:** Um einen ruhigen und erholsamen Schlaf zu fördern, ist es wichtig, einen Schlafbereich zu schaffen, der gemütlich, dunkel und kühl ist.

3. **Schlafhygienegewohnheiten:** Sie können die Qualität Ihres Schlafes erheblich verbessern, indem Sie sich eine gute Schlafhygiene angewöhnen, wie z. B. einen regelmäßigen Schlafrhythmus, ein beruhigendes Abendritual und die Beschränkung von Kaffee und Bildschirmzeit vor dem Zubettgehen.

4. **Der zirkadiane Rhythmus:** Sie können die Wachheit tagsüber und die Schläfrigkeit nachts fördern, indem Sie Ihren zirkadianen Rhythmus regulieren. Vermeiden Sie dazu grelles Licht am Abend und setzen Sie sich morgens natürlichem Licht aus.

5. Nachhaltigen Schlaf aufbauen: Es braucht Zeit und Ausdauer, um gute Schlafhygienepraktiken zu übernehmen und einen Schlafort zu schaffen. Feiern Sie Ihre Erfolge und haben Sie Geduld mit sich selbst.

Kapitel 9

Bewegen Sie Ihren Körper, verbessern Sie Ihre Stimmung: Die Kraft des Sports zur Erholung nach einem Burnout.

„Es ist nicht der Berg, den wir bezwingen, sondern wir selbst." — Edmund Hillary. Diese Bemerkung, die oft mit körperlichen Problemen in Verbindung gebracht wird, beschreibt auch perfekt den Prozess der Erholung von einem Burnout. Nach einem Burnout fühlen wir uns möglicherweise erschöpft, ohne Motivation und von uns selbst entfremdet. Bewegung ist jedoch ein wirksames Mittel in unserem Werkzeugkasten, um negative Emotionen zu überwinden.

Hier ist eine Zahl zum Nachdenken: Untersuchungen haben gezeigt, dass regelmäßige Bewegung die Symptome von Angst und Depression genauso gut lindern kann wie verschreibungspflichtige Medikamente. Bewegung hebt auf natürliche Weise die Stimmung, indem sie Stresshormone wie Cortisol senkt und Endorphine produziert, die das Wohlbefinden steigern. In diesem Kapitel sehen wir uns an, wie Sie sich von einem Burnout erholen und sich insgesamt besser fühlen können, wenn Sie in Ihren Alltag auch nur ein bisschen Bewegung einbauen.

Passende körperliche Aktivitäten für aktive Buchhalter

Es ist eine Tatsache, dass Buchhaltung ein harter Beruf sein kann. Aufgrund der langen Arbeitszeiten, knappen Fristen und Leistungserwartungen kann Sport zur lästigen Pflicht werden. Die gute Nachricht ist, dass Sie Ihre Stimmung und Ihr Energieniveau selbst mit kurzen Einheiten körperlicher Betätigung deutlich beeinflussen können. Unabhängig davon, wie hektisch Ihr Terminplan ist, sollten Sie diese Fitnessoptionen in Betracht ziehen:

- **Die Kraft des HIIT:** Workouts mit hochintensivem Intervalltraining (HIIT) bieten eine schnelle und effektive Möglichkeit, die gesundheitlichen Vorteile von Sport zu erleben. Diese kurzen, hochintensiven Trainingseinheiten, unterbrochen von Ruhepausen, können in nur 20 Minuten absolviert werden und heben nachweislich die Stimmung, senken den Stresspegel und stärken das Herz-Kreislauf-System. Online sind HIIT-Trainingsvideos vielerorts kostenlos verfügbar, was sie zu einer praktischen Wahl für Berufstätige mit hektischem Zeitplan macht.

Ein Beispiel für ein HIIT-Programm für vielbeschäftigte Buchhalter

Hampelmänner: dreißig Sekunden; hohe Knie: dreißig Sekunden; Hocksprünge: dreißig Sekunden; Pause: dreißig Sekunden

- Schließen Sie diesen Kreislauf dreimal ab.
- Spaziergänge in der Mittagspause: Machen Sie in Ihrer Mittagspause einen kleinen Spaziergang,

um Ihre Arbeitswoche aufzulockern. Sie werden feststellen, dass ein wenig Sonnenlicht und frische Luft Ihre Einstellung und Ihr Energieniveau für den Rest des Tages deutlich verbessern. Um mehr Verantwortung und soziale Kontakte zu gewinnen, sollten Sie einen Spaziergang mit einem Kollegen in Betracht ziehen.

- Das Fitnessstudio: Wenn Sie lieber ein geregeltes Trainingsprogramm bevorzugen, können Sie sich für ein Fitnessstudio entscheiden. Dort haben Sie Zugriff auf eine Reihe von Geräten und Programmen, die für verschiedene Vorlieben und Fitnessniveaus geeignet sind. Suchen Sie sich ein Fitnessstudio, dessen Öffnungszeiten zu Ihrem Zeitplan passen. Viele Fitnessstudios bieten mittlerweile Expresskurse zur Mittagszeit an, die sich ideal für ein wenig Bewegung während der Pause eignen.

Außerhalb des Fitnessstudios: Untersuchen Sie Ihre Lieblingsaktivitäten

Denken Sie daran, dass sich Training nicht anstrengend anfühlen sollte. Egal, ob Sie gerne schwimmen, tanzen, Rad fahren oder Sport treiben, wählen Sie etwas, das Ihnen Spaß macht. Das Geheimnis besteht darin, eine Art von Übung zu wählen, die Ihnen Spaß macht und zu Ihrem Lebensstil passt.

Die Verbindung zwischen Körper und Geist

Sport ist mehr als nur körperliches Training. Es ist eine Chance, das Bewusstsein zu entwickeln und eine Verbindung zu Ihrem Körper herzustellen. Im Folgenden finden Sie einige Strategien, um Achtsamkeitsübungen in Ihr Trainingsprogramm zu integrieren:

Konzentrieren Sie sich auf Ihren Atem: Achten Sie während des Trainings auf Ihre Atmung. Sie können Ihren Stresspegel senken und im gegenwärtigen Moment bleiben, indem Sie eine kleine Aktion ausführen.

- Body-Scan-Meditation: Verbringen Sie vor oder nach dem Training ein paar Minuten damit, über Ihren Körper zu meditieren. Achten Sie auf verschiedene Körperteile und nehmen Sie alle Gefühle darin wahr, ohne zu urteilen. Auf diese Weise können Sie Stress abbauen und sich Ihres Körpers bewusster werden.
- Bewusste Bewegung: Achten Sie beim Training auf die Bewegung selbst. Spüren Sie die Bewegung Ihres Körpers im Raum und bleiben Sie in der Gegenwart. Wenn Sie dies tun, können Sie sich möglicherweise besser konzentrieren und Ihr Training mehr genießen.

Schnelle und einfache Atemtechniken für Berufstätige:

- Boxatmung: Atmen Sie langsam vier Sekunden lang ein, halten Sie die Luft vier Sekunden lang an, atmen Sie dann langsam vier Sekunden lang aus und halten Sie die Luft vier Sekunden lang an. Machen Sie auf diese Weise einige Minuten lang weiter.
- Abwechselnde Nasenlochatmung: Atmen Sie sanft durch Ihr linkes Nasenloch ein, während Sie Ihr rechtes Nasenloch mit dem Daumen verschließen. Nachdem Sie den Atem vier Sekunden lang angehalten haben, lassen Sie die Luft sanft durch Ihr rechtes Nasenloch aus, während Sie Ihr linkes mit Ihrem Ringfinger bedecken. Wiederholen Sie diesen Zyklus mehrere Minuten lang und wechseln Sie bei jedem Atemzug das Nasenloch.

Sie können die Vorteile körperlicher Aktivität für Körper und Geist optimieren, indem Sie diese Achtsamkeitsübungen in Ihr Trainingsprogramm aufnehmen. In Kombination mit Achtsamkeit kann regelmäßiges Training Ihre Stimmung deutlich verbessern, Ihren Stresspegel senken und Ihr allgemeines Wohlbefinden steigern.

Indem Sie Ihren Körper bewegen und Achtsamkeit üben, können Sie die Aufgaben Ihres Jobs besser bewältigen und langfristig eine bessere Work-Life-Balance erreichen.

Der Welleneffekt: Wie sich Bewegung positiv auf Ihr Arbeitsleben auswirkt

Sport hat viele Vorteile, die weit über das Fitnessstudio oder den Mittagsspaziergang hinausgehen. Regelmäßige körperliche Betätigung hat einen kaskadierenden Einfluss auf mehrere Facetten Ihrer Karriere:

• **Verbesserte Fokussierung und Konzentration:** Sport erhöht die Durchblutung des Gehirns, was die kognitiven Funktionen verbessern und zu mehr Fokus und Konzentration führen kann. Dies führt zu einer höheren Produktivität und mehr Klarheit bei der Bewältigung anspruchsvoller Aktivitäten.

• **Weniger Stress und Angst:** Wie bereits erwähnt, hebt körperliche Aktivität auf natürliche Weise die Stimmung. Es werden Endorphine freigesetzt, die Stresshormone wie Cortisol abbauen und das Wohlbefinden steigern. Wenn Sie Ihren Stresspegel besser kontrollieren, sind Sie besser in der Lage, mit schwierigen Situationen umzugehen und die Anforderungen des Jobs zu meistern.

• **Besserer Schlaf:** Regelmäßige körperliche Betätigung kann die Qualität Ihres Schlafes erheblich verbessern. Körperliche Aktivität fördert einen schnelleren und erholsameren Schlaf, was Ihr Energieniveau und Ihre Konzentration den ganzen Tag über steigert.

• **Verbesserte Energie:** Körperliche Betätigung hilft gegen Erschöpfung und steigert die Vitalität. So können

Sie Ihre Aufgaben mit mehr Elan angehen und vermeiden das gefürchtete Nachmittagstief.

• **Verbesserte Kreativität und Problemlösung:** Durch körperliche Betätigung kann sich die Fähigkeit zur kreativen Problemlösung verbessern. Körperliche Betätigung kann dabei helfen, mentale Hindernisse zu beseitigen und zu neuen Problemlösungen inspirieren.

• **Mehr Selbstvertrauen:** Regelmäßiges Training kann Ihr Selbstvertrauen stärken und Ihnen ein Erfolgserlebnis vermitteln. Das Erreichen Ihrer Fitnessziele kann Ihr Selbstvertrauen in Ihre beruflichen Fähigkeiten steigern.

Langfristige Gewohnheiten schaffen: Bewegung in den Alltag integrieren

Um die langfristigen Vorteile von Sport zu genießen, ist Beständigkeit der Schlüssel. Die folgenden Tipps können Ihnen dabei helfen, Sport in Ihren Alltag zu integrieren:

• **Fangen Sie klein an:** Vermeiden Sie es, sich zu sehr auf ein unpraktisches Fitnessprogramm einzulassen. Beginnen Sie mit bescheidenen, erreichbaren Zielen, wie zum Beispiel einem täglichen 10-minütigen Spaziergang. Steigern Sie mit zunehmender Fitness allmählich die Länge und Intensität Ihrer Übungen.

• **Finden Sie einen Trainingspartner:** Gemeinsames Training kann Sie motivieren und verbindlicher machen. Suchen Sie sich einen Kumpel oder Kollegen, der genauso fitnessmotiviert ist wie Sie, und planen Sie gemeinsam Übungen.

- **Planen Sie Ihr Training:** Sie sollten Ihr Training wie jede andere wichtige Verabredung betrachten. Tragen Sie Ihr Training in Ihren Zeitplan ein und geben Sie Ihr Bestes, sich daran zu halten.

- **Viel Spaß:** Wählen Sie angenehme Aktivitäten aus. Wählen Sie aus einer Vielzahl von Fitnessaktivitäten, die Ihnen Spaß machen und die Sie interessant finden. Auf lange Sicht werden Sie so eher durchhalten.

- **Beobachten Sie Ihre Entwicklung:** Verfolgen Sie Ihre Entwicklung, um motiviert zu bleiben. Verwenden Sie ein Notizbuch, eine App oder einen Fitness-Tracker, um Ihre Übungen im Auge zu behalten und Ihre Erfolge anzuerkennen.

Denken Sie daran, dass selbst kurze körperliche Betätigungen eine erhebliche Wirkung haben können. Sie sind auf dem besten Weg, die vielen Vorteile von Bewegung für Ihre körperliche und geistige Gesundheit zu genießen, indem Sie Bewegung in Ihren Alltag integrieren und eine Trainingsstrategie entwickeln, die zu Ihnen passt.

Selbstreflexion

Bewegen Sie Ihren Körper, verbessern Sie Ihre Stimmung

1. Aktuelles Aktivitätsniveau: Bewerten Sie Ihr aktuelles Aktivitätsniveau. Treiben Sie täglich Sport? Wenn ja, welche Art von Sport und wie lange?

2. Vorlieben beim Training: Welche Art von körperlicher Betätigung machen Sie am liebsten? Was bevorzugen Sie: Gruppenkurse oder Einzelübungen?

3. Schwierigkeiten beim Zeitmanagement: Bestimmen Sie, welche Dinge für Sie am schwierigsten sind, um Fitness in Ihren hektischen Zeitplan zu integrieren. Wie viel Zeit könnten Sie realistischerweise täglich oder wöchentlich für körperliche Aktivität aufwenden?

4: Der Stressfaktor: Fühlen Sie sich bei der Arbeit stark gestresst? Wie gehen Sie derzeit mit Stress um? Wäre körperliche Betätigung eine sinnvolle Ergänzung Ihres Arsenals an Stressabbautechniken?

5. Über das Physische hinaus: Möchten Sie Achtsamkeitsübungen wie Meditation oder Atemübungen in Ihr Trainingsprogramm aufnehmen?

Transformative Übungen

Bewegung für mehr Wohlbefinden

1. Das Fitness-Audit: Überwachen Sie Ihr wöchentliches Trainingsniveau. Behalten Sie die Dauer und Intensität Ihres Trainings im Auge. Auf diese Weise können Sie Ihren Ausgangspunkt und mögliche Verbesserungsbereiche bestimmen.

2. Die HIIT-Herausforderung: Setzen Sie sich das Ziel, eine Woche lang kurze HIIT-Trainingsvideos zu machen. Prüfen Sie, ob sich Ihre Stimmung oder Ihr Energieniveau verbessert hat.

3. Das Experiment der bewussten Bewegung: Wählen Sie eine Routineübung und konzentrieren Sie sich darauf, achtsame Bewegungsmethoden wie Body-Scan-Meditation und Atemübungen hinzuzufügen. Achten Sie auf alle Veränderungen, die sich bei der Übung für Sie ergeben.

4. Der Aktivitäts-Kumpel: Weisen Sie einem Freund oder Kollegen einen Trainingspartner zu. Planen Sie gemeinsam regelmäßige Übungen, um sich gegenseitig Verantwortung zu übertragen und den Spaß an der körperlichen Betätigung zu steigern.

5. Die Step Up-Herausforderung: Holen Sie sich einen Fitnesstracker und legen Sie fest, wie viele Schritte Sie täglich machen möchten. Um sich selbst zu motivieren und Ihr Trainingsniveau insgesamt zu steigern, erhöhen Sie Ihr wöchentliches Schrittziel schrittweise.

Wichtige Erkenntnisse aus Kapitel 9

1. Bewegung zur Erholung nach einem Burnout: Regelmäßige körperliche Aktivität ist ein wirksames Mittel gegen Burnout. Bewegung hilft Menschen bei der Erholung von einem Burnout, indem sie Stresshormone senkt, die Stimmung hebt und die Schlafqualität verbessert.

2. Finden Sie Ihre Fitness: Es gibt eine Vielzahl von Fitnessmöglichkeiten, darunter Fitnessübungen, Spaziergänge in der Mittagspause und hochintensives Intervalltraining (HIIT). Wählen Sie angenehme Hobbys, die Sie in Ihren hektischen Zeitplan integrieren können.

3. Verbindung zwischen Körper und Geist: Sie können die gesundheitlichen Vorteile von Sport steigern und eine stärkere Verbindung zwischen Körper und Geist fördern, indem Sie Achtsamkeitstechniken wie Atemarbeit und Meditation in Ihren Trainingsplan einbeziehen.

4. Der Welleneffekt: Sport hat Vorteile, die über die Verbesserung Ihres körperlichen Wohlbefindens hinausgehen. Regelmäßiger Sport kann Ihnen helfen, sich besser zu konzentrieren, sich weniger gestresst zu

fühlen, besser zu schlafen, mehr Energie zu haben und kreativer und geschickter bei der Lösung von Problemen bei der Arbeit zu sein.

5. Nachhaltige Gewohnheiten entwickeln: Beständigkeit ist unerlässlich, wenn Sie die langfristigen Vorteile des Trainings genießen möchten. Um motiviert zu bleiben, wählen Sie ein Trainingsprogramm, das Ihnen gefällt, beginnen Sie klein und überwachen Sie Ihre Fortschritte.

# Teil 4: Die Wiederherstellungsphase - Grenzen setzen und Nein sagen

Kapitel 10

Eine Festung bauen: Ihre persönlichen Grenzen definieren und schützen.

„Der Schlüssel liegt nicht darin, Prioritäten für das zu setzen, was auf Ihrem Terminplan steht, sondern darin, Prioritäten zu planen." – Stephen Covey. Das Prinzip der Festlegung von Grenzen wird in dieser Bemerkung gut zusammengefasst. Die Anforderungen an unsere Zeit und Energie in der hektischen Arbeitswelt von heute können leicht dazu führen, dass wir uns überfordert fühlen. Fehlende Grenzen sind eine häufige Ursache für Burnout, das uns erschöpft und unfähig macht, unsere beste Leistung zu erbringen. Die Bedeutung der Festlegung und Einhaltung persönlicher Grenzen sowohl im Privat- als auch im Berufsleben wird in diesem Kapitel erörtert.

Kennen Sie Ihre Grenzen: Wissen Sie, wann Sie ablehnen müssen?

Selbstbewusstsein ist wichtig, um Grenzen zu setzen. Sich seiner Grenzen bewusst zu sein, ist der erste Schritt. Denken Sie über diese Fragen nach:

- Wie viele Stunden pro Tag kann ich arbeiten und trotzdem eine gute Work-Life-Balance haben?

- Wobei gehe ich keine Kompromisse ein? (Zum Beispiel Zeit mit der Familie verbringen, mich ausreichend ausruhen und Sport treiben)
- Wie erkenne ich, ob ich kurz vor einem Burnout stehe? (z. B. Müdigkeit, Unruhe, Konzentrationsschwierigkeiten)

Wenn Sie Ihre Grenzen kennen und die verräterischen Symptome eines Burnouts kennen, haben Sie das Selbstvertrauen, bei Bedarf „Nein" zu sagen. Denken Sie daran, dass „Nein" zu sagen nicht egoistisch ist, sondern für Ihre langfristige Produktivität und Ihr Wohlbefinden notwendig ist.

Erfolgreiche Interaktion: Skripte und Methoden zur Festlegung von Grenzen am Arbeitsplatz

Das Setzen von Grenzen erfordert eine aggressive und transparente Kommunikation. Hier sind einige Richtlinien und Skripte, die Ihnen dabei helfen, mehr Arbeit aufgrund von Arbeitsbelastungen sanft abzulehnen:

- Respektieren Sie die Bitte: Drücken Sie der Person, die Sie gebeten hat, die zusätzliche Aufgabe zuerst zu übernehmen, Ihren Dank aus. Dies zeigt Wertschätzung und Respekt.
- Beschreiben Sie Ihre Einschränkungen: Begründen Sie kurz und knapp, warum Sie die zusätzliche Tätigkeit nicht übernehmen können. Achten Sie dabei auf Ihre aktuellen Verpflichtungen und Arbeitsbelastung.

Erstes Beispielskript, David:

„Hallo David, ich freue mich, dass Sie mich für den Bericht über interne Kontrolle und Risikomanagement in Betracht ziehen. Da die Frist für die Analyse des Jahresabschlusses schnell näher rückt, habe ich im Moment viel zu tun. Ist es für Oliver oder Evenly machbar, das zu übernehmen?

- Bieten Sie eine Alternative an: Bieten Sie eine andere Vorgehensweise an, sofern dies möglich ist. Dies zeigt, dass Sie offen über Ihre Grenzen sprechen und gerne helfen.

Skript 2 Beispiel, Mr. Luke:

„Wir freuen uns über Ihre Anfrage zum zusätzlichen Produktdesign. Da wir derzeit an unsere Kapazitätsgrenzen stoßen, können wir Ihnen in dem von Ihnen angegebenen Zeitraum nicht den hervorragenden Service bieten, den Sie erwarten. Wenn sich unser Zeitplan in einigen Wochen etwas entspannt, wären Sie dann bereit, über dieses Projekt zu sprechen?"

- **Bleiben Sie freundlich und dennoch bestimmt:** Achten Sie während des gesamten Gesprächs auf einen höflichen und professionellen Ton. Denken Sie daran, dass Aggressivität nicht gleichbedeutend mit Unhöflichkeit ist.

Rollenspielszenen, die Grenzen setzen

Um das Setzen von Grenzen bei der Arbeit zu üben, probieren Sie diese Rollenspiele aus:

- **Situation 1**: Sie haben bereits einen anderen Auftrag, aber Ihr Arbeitgeber möchte, dass Sie länger bleiben, um ein Projekt mit Frist abzuschließen.

Du:„Ich danke Ihnen für die Mitteilung über die Fristverlängerung für das Projekt „Interne Kontrolle und Risikomanagement". Ich werde gerne so viel wie möglich helfen, bevor der Tag zu Ende ist. Allerdings kann ich meine vorherige Verpflichtung für heute Abend nicht verschieben. Ist es möglich, Rose bestimmte Aufgaben zuzuweisen?

- **Szenario 2:**Ihre Konzentrationsfähigkeit bei der Arbeit wird durch einen Kollegen beeinträchtigt, der Sie ständig um Hilfe bei seiner Belastung anfleht.

Du:„Ich helfe gern, wann immer ich kann, aber im Moment habe ich viele Deadlines für meine Projekte. Haben Sie versucht, Greene zu kontaktieren? Vielleicht können sie Ihnen irgendwann helfen."

- **Szenario 3:**Ein Kunde schickt Ihnen nach Ihren zugewiesenen Arbeitszeiten ständig E-Mails mit dringenden Anforderungen.

Du:„Ich freue mich über Ihre E-Mail. Normalerweise schaue ich während der normalen Geschäftszeiten zwischen 10 und 15 Uhr nach und beantworte E-Mails. In dringenden Fällen können Sie Barry unter BarryMG design@gmail.com kontaktieren ."

Denken Sie daran, dass das Setzen von Grenzen ein kontinuierlicher Prozess ist. Je kompetenter und klarer Sie kommunizieren, desto einfacher wird es, Ihre Zeit und Energie zu schützen.

Sie können einem Burnout vorbeugen und einen nachhaltigen Arbeitsplan aufrechterhalten, indem Sie entsprechende Grenzen setzen und einhalten.

Selbstreflexion

Grenzen für das Wohlbefinden schaffen

1. Arbeitslastgrenzen: Um eine gute Work-Life-Balance aufrechtzuerhalten, wie viele Stunden pro Tag können Sie realistischerweise arbeiten? Überlegen Sie, wann Sie fertig sein möchten und wie viele Pausen Sie im Laufe des Tages benötigen.

2. Nicht übertragbare Rechte: Entscheiden Sie, bei was Sie keine Kompromisse eingehen können. Dies sind die wichtigen Dinge, für die Sie sich außerhalb der Arbeit Zeit nehmen müssen, wie Zeit mit der Familie, ausreichend Ruhe und körperliche Betätigung.

3. Warnsignale für Burnout: Welche Warnsignale für ein Burnout treffen auf Sie persönlich zu? Sind Sie bei Überlastung reizbarer, erschöpfter oder können sich schlechter konzentrieren?

4. Kommunikationsstil: Inwieweit fühlen Sie sich wohl dabei, aggressiv zu kommunizieren? Fällt es Ihnen schwer, Anfragen abzulehnen, insbesondere wenn Sie sich überlastet fühlen?

5. Fälle der Grenzsetzung: Überlegen Sie, in welchen Situationen es Ihnen schwerfällt, bei der Arbeit Grenzen zu setzen. Das kann zum Beispiel bei Kunden der Fall sein, die irrationale Erwartungen haben, oder bei Kollegen, die ständig nach Hilfe suchen.

Transformative Übungen

Die Kunst des Neinsagens üben

1. Die Zeitbilanz: Führen Sie wöchentlich ein Protokoll über alles, was Sie tun, einschließlich Arbeitszeit, Pendelzeit, Hausarbeit, Freizeitaktivitäten und Schlaf. Dies kann Ihnen dabei helfen, Situationen zu erkennen, in denen Sie möglicherweise über die Stränge schlagen und Grenzen setzen müssen.

2. Der Skript-Workshop: Wählen Sie eine Rollenspielsituation aus dem Kapitel aus und erstellen Sie Ihre Skriptantwort, indem Sie die Strategien für selbstbewusste Kommunikation und die empfohlenen Skripte verwenden. Sie können Ihre Darbietung mit einem Begleiter oder laut üben.

3. Das „Nein"-Experiment: Setzen Sie sich das Ziel, Anfragen, die zu viel Ihrer Zeit in Anspruch nehmen würden, beim nächsten Mal durch selbstbewusste Kommunikation sanft abzulehnen. Achten Sie darauf,

den Erhalt der Anfrage zu bestätigen, Ihre Einschränkungen darzulegen und, wenn möglich, eine andere Antwort zu geben.

4. Richten Sie ein reales oder virtuelles schwarzes Brett mit Ihren Grenzen ein und hängen Sie dort eine Liste Ihrer Grenzen und nicht verhandelbaren Punkte auf. Dies kann als sichtbares Zeichen dafür dienen, dass Sie Ihre Gesundheit an erste Stelle setzen und Ihre Zeit gut einteilen.

5. Der Check-In zur Kommunikation: Vereinbaren Sie ein regelmäßiges Check-In-Meeting mit Ihrem Chef, um Ihre Prioritäten und Ihre Arbeitsbelastung zu besprechen. Sprechen Sie Ihre Vorbehalte aus, mehr Arbeit zu übernehmen, und sagen Sie offen, ob Sie dazu in der Lage sind.

Wichtige Erkenntnisse aus Kapitel 10 Grenzen setzen

1. **Selbsterkenntnis ist entscheidend:** Selbstbewusstsein ist der Grundstein für die Festlegung von Grenzen. Erkennen Sie Ihre Grenzen, legen Sie fest, was verhandelbar ist und was nicht, und achten Sie auf die frühen Anzeichen eines Burnouts.

2. **Die Macht des „Nein":** Wenn Sie überfordert sind, ist es nicht egoistisch, mehr Arbeit abzulehnen. Es ist vielmehr entscheidend dafür, Ihre Produktivität langfristig aufrechtzuerhalten und Ihr Wohlbefinden zu schützen.

3. **Durchsetzungsfähige Kommunikation:** Das Setzen von Grenzen erfordert eine effektive Kommunikation. Entwickeln Sie die Fähigkeit, Anfragen professionell und freundlich abzulehnen, während Sie direkt und bestimmend sprechen.

4. **Übung macht den Meister:** Grenzen zu setzen ist ein kontinuierlicher Prozess. Je energischer Sie kommunizieren, desto einfacher wird es, Ihre Zeit und Energie zu schützen.

5. Nachhaltiger Arbeitsrhythmus: Sie können Burnout vermeiden und Ihre Leistung optimieren, indem Sie gesunde Grenzen schaffen und einhalten, die einen nachhaltigen Arbeitsrhythmus unterstützen.

Kapitel 11

Meisterhaftes Zeitmanagement: Priorisieren Sie Aufgaben und übernehmen Sie die Kontrolle über Ihren Zeitplan.

„Zeit ist das, was verhindert, dass alles gleichzeitig geschieht." – Ray Cummings. Dieses amüsante Zitat fasst unsere Schwierigkeiten mit dem Zeitmanagement gut zusammen. Berufstätige führen ein hektisches Leben und werden mit widersprüchlichen Anforderungen an ihre Zeit überschwemmt. Burnout und Stress können die Folge des Eindrucks sein, dass der Tag nicht genug Stunden hat. In diesem Kapitel erhalten Sie die Zeitmanagementfähigkeiten, die Sie benötigen, um die Kontrolle über Ihren Kalender zurückzugewinnen, sinnvolle Prioritäten für Ihre Aufgaben zu setzen und Zeit für die wichtigen Dinge freizumachen.

So erkennen Sie die Zeiträuber, die Ihre Aufmerksamkeit und Vitalität rauben

Das Erkennen der typischen Übeltäter, die Ihre wertvolle Zeit und Energie verschwenden, ist der erste Schritt zu einem erfolgreichen Zeitmanagement. Im Folgenden sind einige der größten „Zeitfresser" für vielbeschäftigte Menschen aufgeführt:

- Unnötige Meetings: Zusammenarbeit und Kommunikation können von Meetings stark profitieren. Dennoch sind viele Meetings schlecht organisiert, haben unklare Tagesordnungen oder es sind mehr Personen anwesend als nötig. Sagen Sie Nein zu sinnlosen Versammlungen und drängen Sie auf Meetings, die kürzer, zielgerichteter und mit spezifischen Zielen sind.
- Die Time Bandit Buster-Technik: Überlegen Sie sich vor der Teilnahme an einem Meeting: „Ist meine Anwesenheit bei diesem Meeting wirklich notwendig?" Wenn nicht, bieten Sie Ihre Hilfe asynchron an oder lehnen Sie freundlich ab. Ermutigen Sie die Teilnehmer, wichtige Meetings vorab zu planen, und bitten Sie sie, sich auf die Teilnahme vorzubereiten.
- Der nie endende E-Mail-Check: Der Empfang neuer E-Mails kann sehr ablenkend sein und Ihren Arbeitsablauf beeinträchtigen. Widerstehen Sie dem Drang, ständig Ihre E-Mails zu überprüfen.

Die Time Bandit Buster-Strategie besteht darin, jeden Tag bestimmte Zeiträume für das Überprüfen und Beantworten von E-Mails einzuplanen. Wenn Sie an wichtigen Aktivitäten arbeiten, nutzen Sie Tools wie den „Nicht stören"-Modus oder deaktivieren Sie E-Mail-Benachrichtigungen.

Ablenkung durch soziale Netzwerke: Obwohl soziale Netzwerke verführerisch sein sollen, kann ständiges Scrollen die Produktivität beeinträchtigen.

Strategie zur Bekämpfung von Zeitdieben: Reservieren Sie bestimmte Zeiten für die Überwachung sozialer Medien oder denken Sie darüber nach, Websites zu blockieren, während Sie sich auf eine Aufgabe konzentrieren.

Die Bedeutung der Delegation und der Aufgabenverteilung für optimale Produktivität

Berufstätige, die zu beschäftigt sind, um Delegation als wertvolle Zeitmanagementtechnik zu nutzen, tun dies häufig. Im Folgenden sind einige Hauptvorteile einer effizienten Delegation aufgeführt:

- **Verbesserte Effizienz:** Sie können sich auf anspruchsvollere Aufgaben konzentrieren, die Ihr Fachwissen erfordern, indem Sie Arbeiten zuweisen, die von jemand anderem erledigt werden können.
- **Verbesserte Teammoral:** Delegation schafft Vertrauen und Verantwortungsbewusstsein unter den Teammitgliedern. Wenn Mitarbeiter sehen, dass ihre Bemühungen anerkannt werden, können sich Moral und Teamleistung verbessern.

- **Weniger Stress:** Eine der Hauptursachen für Stress ist das Gefühl, mit der Arbeit überlastet zu sein. Durch Delegieren können Sie ein Burnout vermeiden und Ihre Arbeitsbelastung besser bewältigen.

Beispiele für die Delegation von Buchhaltern in der Praxis:

- Um Zeit für komplexere Steuerberechnungen und Kundengespräche zu haben, kann ein erfahrener Buchhalter einem jüngeren Kollegen die alltäglichen Dateneingabeaufgaben übertragen.
- Um mehr Zeit für die Überprüfung und Bestätigung der Steuerunterlagen zu haben, kann ein Steuerberater einen Assistenten mit der Erfassung der wesentlichen Kundeninformationen beauftragen.
- Um das gesamte Projekt zu überwachen und dabei die Fähigkeiten des Teams zu nutzen, kann ein Auditmanager bestimmte Auditabschnitte Teammitgliedern mit entsprechender Erfahrung zuweisen.

Erfolgreiche Techniken zur Delegation:

- ✓ **Wählen Sie die richtigen Aufgaben zum Zuweisen aus:** Weisen Sie Aufgaben zu, die dem Fachwissen und den Fähigkeiten des Empfängers entsprechen.
- ✓ **Warum eine klare Kommunikation so wichtig ist:** Geben Sie bei der Aufgabenverteilung unbedingt genaue Richtlinien und Erwartungen

an. Beschreiben Sie das gewünschte Ergebnis und beantworten Sie alle Fragen Ihres Kollegen.
- ✓ **Bestärken Sie Ihr Team:** Stellen Sie sicher, dass Ihr Kollege über die Werkzeuge und die Unterstützung verfügt, die er zum Erledigen der ihm zugewiesenen Arbeit benötigt.
- ✓ **Geben Sie Feedback und Anerkennung:** Geben Sie Ihrem Kollegen nach Abschluss der Aufgabe konstruktive Kritik und würdigen Sie seine Bemühungen.

Sie können die Kontrolle über Ihren Zeitplan übernehmen und den Dingen Priorität einräumen, die den größten Einfluss auf Ihre Karriereziele haben, indem Sie herausfinden, wer Sie stiehlt, und ein Experte im Delegieren werden.

Selbstreflexion

Meisterhaftes Zeitmanagement

1. Identifizierung des Zeitbanditen: Denken Sie an Ihren Arbeitstag zurück. Vor welchen Zeitdieben haben Sie am meisten Angst? Fällt es Ihnen schwer, Ablenkungen durch soziale Medien zu vermeiden, an sinnlosen Meetings teilzunehmen oder ständig Ihre E-Mails zu überprüfen?

2. Das Delegationsdilemma: Fällt es Ihnen schwer, Arbeit an andere zu delegieren? Haben Sie Angst, die Kontrolle nicht zu behalten oder können Sie Aufgaben nicht effektiv erklären?

3. Arbeitsbelastungsbewertung: Prüfen Sie, wie viel Arbeit Sie im Moment haben. Könnten Sie einige dieser Aufgaben delegieren, um Zeit für anspruchsvollere Projekte freizumachen, die Ihr Fachwissen erfordern?

4. Die Kraft der Konzentration: Wie gut gelingt es Ihnen, den ganzen Arbeitstag über konzentriert zu bleiben? Machen Sie zu viele Multitasking-Aufgaben oder lassen Sie sich leicht durch Unterbrechungen ablenken?

5. Techniken zur Priorisierung: Verfügen Sie über eine Struktur zum Einstufen von Aufgaben? Wie priorisieren Sie die Dinge, die gerade Ihre volle Aufmerksamkeit erfordern?

Transformative Übungen

Übernehmen Sie die Kontrolle über Ihre Zeit

1. **Das Zeit-Audit:** Notieren Sie Ihre Aktivitäten an einem Wochentag in 30-Minuten-Intervallen. Bestimmen Sie, wie viel Zeit Sie für Pausen, Zeitfresser und notwendige Aktivitäten aufwenden. Dies hilft Ihnen dabei, Ihre Schwachstellen zu identifizieren.

2. **Die Herausforderung „Den Posteingang zähmen":** Nehmen Sie sich jede Woche bestimmte Stunden Zeit, um Ihre E-Mails zu überprüfen. Schalten Sie zwischen diesen festgelegten Intervallen Ihre E-Mail-Benachrichtigungen aus und widerstehen Sie dem Drang, Ihren Posteingang zu überprüfen.

3. **Die Delegationsdiagnose:** Wählen Sie eine Aufgabe aus, die Sie derzeit selbst erledigen und die Sie einem Kollegen zuweisen können. Berücksichtigen Sie dabei die Arbeitsbelastung und Fähigkeiten des Kollegen und entscheiden Sie, wie Sie ihm die Aufgabe am besten zuweisen.

4. **Der Meeting-Mastery-Plan:** Informieren Sie sich vor Ihrem nächsten Meeting beim Gastgeber, ob Sie unbedingt anwesend sein müssen. Wenn Sie teilnehmen

möchten, bitten Sie im Voraus um eine Kopie der Tagesordnung und seien Sie bereit, an einem eng fokussierten Gespräch teilzunehmen.

5. Das Fokusblocker-Experiment: Verwenden Sie Anwendungen oder Website-Blocker, um den Zugriff auf soziale Medien während der zugewiesenen Arbeitszeit einzuschränken. Behalten Sie im Laufe des Tages Ihre Produktivität und Aufmerksamkeit im Auge, um zu sehen, ob Sie sich verbessern können.

Wichtige Erkenntnisse aus Kapitel 11

Zeiteinteilung

1. Erkennen Sie Ihre Zeitfresser: Der erste Schritt zu einem erfolgreichen Zeitmanagement besteht darin, die typischen Ablenkungen zu erkennen, die Ihnen Aufmerksamkeit und Energie rauben. Dazu gehören sinnlose Meetings, ständiger E-Mail-Verkehr und die Nutzung sozialer Medien.

2. Die Macht der Delegation: Durch Delegation können Sie die Kontrolle über Ihren Zeitplan zurückgewinnen. Sie können Ihren Teammitgliedern mehr Verantwortung übertragen und Zeit für wichtigere Aufgaben frei machen.

3. Erfolgreiche Techniken zur Delegation: Für eine erfolgreiche Delegation ist es notwendig, die geeigneten Aufgaben auszuwählen, klar zu kommunizieren und Anweisungen zu geben, Ihr Team mit Ressourcen auszustatten und Lob und Feedback zu geben.

4. Reduzieren Sie Ablenkungen: Um die Konzentration während des Arbeitstages aufrechtzuerhalten, sollten Sie

Techniken einsetzen, um Ablenkungen wie E-Mails, soziale Medien und sinnlose Meetings zu reduzieren.

5. Priorisierung ist der Schlüssel: Entwickeln Sie eine Methode zum Ordnen der Aufgaben nach Wichtigkeit, um sicherzustellen, dass Sie sich auf die Aufgaben konzentrieren, die den größten Einfluss auf Ihre Karriereziele haben.

Kapitel 12

Lernen, abzuschalten: Strategien für eine gesunde Work-Life-Balance.

„Ständige Erreichbarkeit ist ein stiller Killer von Produktivität und Kreativität."– Cal Newport. In der heutigen hypervernetzten Welt kann es schwierig sein, eine gute Work-Life-Balance zu finden, wie dieser Satz treffend illustriert. Die Versuchung, „nur mal kurz reinzuschauen" und der nicht enden wollende Strom arbeitsbezogener E-Mails und Benachrichtigungen können es schwierig machen, zwischen Arbeit und Freizeit zu unterscheiden, was zu Stress, Burnout und einem beeinträchtigten Wohlbefinden führen kann. In diesem Kapitel wird die Bedeutung der Abgrenzung zwischen Privat- und Berufsleben und der Abkopplung von der Arbeit behandelt.

Der Einfluss von „Aus": Grenzen für die Nutzung von Technologie außerhalb der Arbeitszeit setzen

Nach der Arbeit ist das Setzen von Grenzen zur Technik der erste Schritt zum Abschalten. Hier sind einige Ideen, wie Sie Ihr Haus zu einer „technikfreien Zone" machen können:

Schaffen Sie eine technikfreie Oase: Wählen Sie einen Raum oder Bereich Ihres Hauses aus, in dem arbeitsbezogene Geräte wie Computer und Telefone nach Feierabend verboten sind. Dies kann ein spezieller Lesebereich, Ihr Wohnzimmer oder sogar Ihr Schlafzimmer sein.

Richten Sie Ihren technikfreien Bereich ein:

• Investieren Sie in eine Ladestation: Um beim Entspannen dem Drang zu widerstehen, geschäftliche E-Mails oder Benachrichtigungen zu checken, richten Sie eine Ladestation außerhalb Ihrer definierten technikfreien Zone ein.

• Benachrichtigungen ausschalten: Wenn Sie arbeitsbezogene E-Mails und Benachrichtigungen auf Ihrem Telefon und Ihren privaten Geräten nicht verwenden, schalten Sie diese aus. Auf diese Weise können Sie Ablenkungen von außen reduzieren und sich ganz auf die Gegenwart konzentrieren.

• **Sprechen Sie mit Ihren Lieben:** Erklären Sie Ihrer Familie und Ihren Mitbewohnern, dass Sie eine technikfreie Zone haben, und bitten Sie sie um ihre Mitarbeit.

Die Vorteile des Abschneidens:

• **Weniger Stress und Angst:** Wenn Sie eine Pause von der Arbeit machen, kann Ihr Geist entspannen und sich erholen. Das kann Ihre Stimmung und Ihr allgemeines Wohlbefinden deutlich verbessern.

• **Bessere Schlafqualität:** Blaues Licht von elektronischen Geräten kann den Schlafrhythmus stören. Die Einrichtung einer technikfreien Zone vor dem Schlafengehen kann einen erholsamen Schlaf fördern und Ihr Energieniveau den ganzen Tag über steigern.

• **Verbesserte Konzentration und Fokus:** Es kann schwierig sein, sich zu konzentrieren, wenn Sie ständig von Warnungen und Ablenkungen durch die Technologie umgeben sind. Ob Sie mit Ihren Lieben interagieren oder privaten Freizeitbeschäftigungen nachgehen, das Setzen von Grenzen bei der Technologie ermöglicht es Ihnen, mehr im Hier und Jetzt zu sein.

Ein Zuhause als Rückzugsort: Einen Bereich zum Entspannen und Erholen schaffen

Ihr Zuhause sollte ein Zufluchtsort für Erholung und Regeneration sein. So erstellen Sie einen individuellen „Zufluchtsort zu Hause"-Plan:

• **Vereinfachen und entrümpeln:** Unordnung kann stressig und optisch überwältigend sein. Sorgen Sie für mehr Ordnung und Ordnung in Ihrem Zuhause. Bemühen Sie sich, die Räume, in denen Sie die meiste Zeit verbringen, ordentlich und aufgeräumt zu halten.

- **Wählen Sie ruhige Farben:** Stimmung und allgemeines Wohlbefinden werden stark von der Farbpsychologie beeinflusst. Denken Sie darüber nach, Ihren Rückzugsbereich in beruhigenden Farbtönen wie Neutraltönen, Blau- oder Grüntönen zu streichen. Diese Farbtöne haben die Kraft, Gefühle der Ruhe und Harmonie hervorzurufen.

Passen Sie Ihren Hafen an:

- **Aromatherapie:** Manche Gerüche haben eine beruhigende Wirkung. Damit sich Ihr Heiligtum wie ein Spa anfühlt, verteilen Sie beruhigende ätherische Öle wie Kamille oder Lavendel.

- **Den Weg erleuchten:** Die Atmosphäre wird stark von der Beleuchtung beeinflusst. Um in Ihrem Rückzugsbereich eine friedliche und einladende Atmosphäre zu schaffen, verwenden Sie warmes, sanftes Licht. Denken Sie darüber nach, Dimmer anzubringen oder auf sanfte Glühbirnen umzusteigen.

- **Richten Sie eine Entspannungsstation ein:** Reservieren Sie in Ihrem Paradies einen bestimmten Platz für Freizeitbeschäftigungen wie Lesen, Meditieren oder wertvolle Zeit mit engen Freunden und der Familie. Das kann ein bequemer Stuhl am Fenster, eine Yogamatte in einer Ecke oder eine schöne Leseecke sein.

- **Integrieren Sie die Natur:** Untersuchungen zeigen, dass der Aufenthalt in der Natur Stress abbaut und die Stimmung hebt. Holen Sie sich die Natur ins Haus, indem Sie Ihr Refugium mit Kunstwerken oder Naturfotos dekorieren oder Zimmerpflanzen aufstellen.

Denken Sie daran, dass Ihr Rückzugsort ein privater Bereich ist. Passen Sie ihn Ihren Bedürfnissen und Ihrem Geschmack an. Eine gute Work-Life-Balance und die Vermeidung von Burnout können Sie erreichen, indem Sie einen speziellen Bereich für Ruhe und Erholung einrichten.

Selbstreflexion

Abschalten für mehr Wohlbefinden

1. Digitale Abhängigkeit: Inwieweit verlassen Sie sich außerhalb der Arbeit auf Technologie? Fällt es Ihnen schwer, E-Mails und Benachrichtigungen von der Arbeit abzuschalten?

2. Die Verführung des „Einfach mal vorbeischauen": Wie oft werfen Sie nach Feierabend einen Blick auf Ihre arbeitsbezogenen E-Mails oder SMS? Was ist der Grund für dieses Verhalten?

3. Technikfreie Zonen: Gibt es in Ihrem Haus Bereiche, die für die Nutzung von Technologie reserviert sind? Wenn nicht, wie können Sie einen Bereich schaffen, in dem man sich entspannen und von der Arbeit abschalten kann?

4. Technologie und Schlaf: Benutzen Sie Ihr Telefon oder Ihren Laptop, wenn Sie im Bett sind? Wie wirkt sich dies auf Ihre Schlafqualität aus?

5. Schutzraum: Schauen Sie sich in Ihrem Wohnbereich um. Ist er optisch überladen und überwältigend oder fördert er Gefühle der Erneuerung und Entspannung?

Transformative Übungen

Schaffen Sie eine ruhigere Wohnumgebung

1. Die Digital-Detox-Challenge: Setzen Sie sich das Ziel, am Wochenende auf elektronische Geräte zu verzichten. Schalten Sie Ihre Arbeitsgeräte aus und widerstehen Sie der Versuchung, Ihre arbeitsbezogenen E-Mails oder SMS zu lesen. Betonen Sie Hobbys, Freizeit und wertvolle Zeit mit Ihren Lieben. Notieren Sie Ihre Gefühle während des Wochenendes und wie einfach oder schwierig es war, abzuschalten.

2. Die Transformation der technologiefreien Zone: Entscheiden Sie, welcher Bereich in Ihrem Haus für elektronische Geräte tabu sein soll. Stellen Sie sicher, dass Ihre Geräte außerhalb dieses Bereichs eine Ladestation haben. Deaktivieren Sie die geschäftlichen E-Mail-Benachrichtigungen Ihres Telefons und erzählen Sie Ihrer Familie, dass Sie einen neuen, technikfreien Zufluchtsort gefunden haben.

3. Die Umgestaltung des Schlafzimmer-Heiligtums: Entfernen Sie alle Geräte und räumen Sie Ihr Schlafzimmer auf. Verwenden Sie beruhigende Farbtöne wie Hellblau oder Lavendel.

Verdunkelungsvorhänge sind eine gute Option, wenn Sie Ihren Schlaf verbessern möchten.

4. Der Natur-Fix: Suchen Sie nach Möglichkeiten, die Natur in Ihr Refugium zu holen. Stellen Sie Zimmerpflanzen in Ihr Haus oder kaufen Sie Ausdrucke von Naturfotografien oder Kunstwerken.

5. Das Entspannungsritual: Schaffen Sie ein beruhigendes Abendritual, das Ihrem Körper und Geist signalisiert, wann es Zeit ist, sich zu entspannen. Das kann das Lesen eines Buches, leichtes Dehnen oder Meditieren sein. Es kann sogar ein warmes Bad beinhalten.

Wichtige Erkenntnisse aus Kapitel 12

Abschalten für mehr Wohlbefinden

1. Die Macht des Abschaltens: Stressabbau, Steigerung der Aufmerksamkeit und Konzentration sowie Verbesserung der Schlafqualität hängen alle davon ab, der Nutzung von Technologie nach der Arbeitszeit Grenzen zu setzen.

2. Einrichtung technikfreier Zonen: Richten Sie einige Bereiche Ihres Hauses als technikfreie Zonen ein, um die Entspannung zu fördern und Unterbrechungen durch arbeitsbezogene E-Mails und Nachrichten zu reduzieren.

3. Der Zufluchtsort zu Hause: Schaffen Sie in Ihrem Haus einen Raum, der speziell für Ruhe und Erholung reserviert ist. Räumen Sie den Bereich frei, fügen Sie beruhigende Farbtöne hinzu und stellen Sie Gegenstände auf, die Ruhe und Gelassenheit betonen, um ihn zu Ihrem ganz persönlichen Raum zu machen.

4. Die Vorteile der Natur: Untersuchungen zeigen, dass der Aufenthalt in der Natur Stress abbaut und die

Stimmung verbessert. Verwenden Sie Kunstwerke mit Naturmotiven oder Zimmerpflanzen, um die Natur in Ihr Refugium zu bringen.

5.Entspannungsrituale schaffen: Etablieren Sie ein beruhigendes Abendritual, um Ihrem Körper und Geist zu signalisieren, wann es Zeit ist, sich zu entspannen und auf den Schlaf vorzubereiten.

Teil 5: Die Phase der Wiederentdeckung – Die Wiederentdeckung Ihrer Leidenschaft

Kapitel 13

Entfachen Sie Ihren Funken neu: Stellen Sie die Verbindung zu Ihren Grundwerten wieder her.

„Glück ist nicht das ultimative Ziel im Leben. Es geht darum, einen Unterschied in der Welt zu machen, indem man hilfsbereit, ehrenhaft und fürsorglich ist und ein erfülltes Leben geführt hat." Emerson, Ralph Waldo. Dieses Zitat betont, wie wichtig es ist, ein Leben zu führen, das von Sinn und Zweck bestimmt wird. Ein Gefühl der Entfremdung von unseren grundlegenden Ideen und Idealen, die unsere Entscheidungen und unser Verhalten leiten, ist oft die Hauptursache für Burnout. Die Motivation schwindet und unsere Arbeit kann unerfüllt erscheinen, wenn wir aus den Augen verlieren, was uns wichtig ist. In diesem Kapitel wird untersucht, wie wichtig es ist, sich wieder mit Ihren grundlegenden Überzeugungen auseinanderzusetzen und sie zu nutzen, um Ihre Leidenschaft und Ihren Sinn für Ziele sowohl in Ihrem Privat- als auch in Ihrem Berufsleben neu zu entfachen.

Werteverfall: Wie Burnout das innere Licht trüben kann

Unsere Grundprinzipien können aufgrund der unerbittlichen Anforderungen unserer Arbeit in den Hintergrund geraten. So kann Müdigkeit unseren Sinn für Sinn und Zweck untergraben:

- **Dauerhafter Stress:** Länger anhaltender Stress kann unser Urteilsvermögen beeinträchtigen und unsere Fähigkeit behindern, uns mit unseren Grundüberzeugungen zu verbinden. Wenn wir uns ständig im „Kampf-oder-Flucht"-Modus befinden, kann es passieren, dass unsere Gesundheit und unsere Moralvorstellungen vernachlässigt werden.

- **Überwältigt:** Wenn wir mit Arbeit überlastet sind, fühlen wir uns möglicherweise taub und von unserem wahren Selbst abgeschnitten. Die Wiederherstellung einer Verbindung zu den Prinzipien, die uns inspirieren und antreiben, kann daher schwierig sein.

- **Kontrollverlust:** Hilflosigkeit und das Gefühl, im Dunkeln zu tappen, sind häufige Ursachen für Burnout. Entscheidungen zu treffen, die mit unseren Grundprinzipien im Einklang stehen, kann schwierig sein, wenn wir das Gefühl haben, ständig auf Druck von außen reagieren zu müssen.

Die Bedeutung grundlegender Prinzipien: Ein Leitfaden für ein glückliches Leben

Das Wiederfinden Ihres inneren Kompasses ist vergleichbar mit der Wiederannäherung an Ihre Grundprinzipien. Diese Prinzipien bestimmen Ihre Entscheidungen, prägen Ihre zwischenmenschlichen Interaktionen und bestimmen letztlich Ihren Grad der

Zufriedenheit. Die Wiederannäherung an Ihre Grundüberzeugungen hat folgende Vorteile:

• **Mehr Klarheit und Richtung:** Wenn Sie sich Ihrer Grundwerte bewusst sind, fällt es Ihnen leichter, Entscheidungen zu treffen, die Ihren wahren Prinzipien entsprechen. Diese Klarheit kann Ihr Zielbewusstsein verbessern und Ihnen helfen, sich weniger gestresst zu fühlen.

• **Bessere Entscheidungsfindung:** Wenn Sie mit Hindernissen konfrontiert werden, können Ihre Grundüberzeugungen ein Hoffnungsschimmer sein, der Ihnen dabei hilft, schwierige Situationen zu meistern und eine Herangehensweise zu wählen, auf die Sie stolz sein können.

• **Verbesserte Motivation:** Es ist von Natur aus inspirierend, ein Leben zu führen, das mit Ihren Idealen im Einklang steht. Sie werden motivierter und begeisterter von Ihrer Arbeit sein, wenn sie mit Ihren Werten im Einklang steht.

• **Mehr Authentizität:** Nach Ihren Überzeugungen zu leben bedeutet, sich entsprechend zu verhalten. Sie können sowohl in Ihrem Privat- als auch in Ihrem Berufsleben zum Ausdruck bringen, wer Sie sind, indem Sie sich wieder auf Ihre Grundprinzipien besinnen.

Entdecken Sie Ihre Grundprinzipien: Eine autobiografische Reise

Die Wiederherstellung einer Verbindung zu Ihren Grundüberzeugungen kann aufschlussreich sein. Um Ihnen dabei zu helfen, wiederzuentdecken, was Ihnen wichtig ist, versuchen Sie diese Übungen:

• **Denken Sie an entscheidende Momente:** Denken Sie an die entscheidenden Momente in Ihrem Leben zurück, in denen Sie sich besonders stolz, inspiriert oder zufrieden gefühlt haben. Welche Prinzipien haben Ihr Verhalten in solchen Momenten bestimmt?

• **Visualisieren Sie Ihren perfekten Tag:** Schliessen Sie die Augen und stellen Sie sich Ihren perfekten Arbeitstag vor. In welcher Funktion würden Sie arbeiten? Mit wem würden Sie zusammenarbeiten? Welche Eigenschaften machen Ihren Traumarbeitsplatz aus?

• **Klärungsübungen zu Werten:** Die Werteklärung wird in einer Vielzahl von Arbeitsmappen und Online-Ressourcen behandelt. Diese Ressourcen können aufschlussreiche Perspektiven und Impulse zur Selbstreflexion bieten.

Bringen Sie Ihre Arbeit mit Ihren Werten in Einklang: Entdecken Sie den Sinn Ihres Berufs

Nachdem Sie sich wieder mit Ihren Grundüberzeugungen auseinandergesetzt haben, überlegen Sie, wie Sie diese auf Ihre Karriere anwenden können. Im Folgenden finden Sie einige Taktiken:

- **Bewerten Sie Ihre aktuelle Position:** Bewerten Sie, wie gut Ihre aktuelle Position Ihre Grundüberzeugungen widerspiegelt. Gibt es für Sie Möglichkeiten, Ihre Aufgaben oder Projekte so zu ändern, dass sie Ihre Werte besser widerspiegeln?

- **Veränderungen fördern:** Wenn Ihre derzeitige Position nicht mit Ihren Grundsätzen übereinstimmt, sollten Sie offen und ehrlich mit Ihrem Vorgesetzten darüber sprechen. Möglicherweise können Sie vorschlagen, Ihre Aufgaben zu ändern oder innerhalb der Organisation nach geeigneteren Alternativen zu suchen.

- **Denken Sie über einen Berufswechsel nach:** Eine umfassendere Anpassung kann erforderlich sein, wenn zwischen Ihren Werten und Ihrem derzeitigen beruflichen Werdegang eine merkliche Lücke besteht. Suchen Sie nach Beschäftigungsmöglichkeiten, die eher Ihren Interessen und Leitprinzipien entsprechen. Vergessen Sie nie, dass Sie immer einen Beruf suchen können, der Ihre Leidenschaft erfüllt.

Seinen Idealen gerecht werden: Der Welleneffekt einer positiven Veränderung

Ein Leben nach Ihren Werten betrifft alle Aspekte Ihres Lebens, nicht nur Ihre Karriere. Im Folgenden finden Sie einige Strategien, die Ihnen dabei helfen, Ihre Grundüberzeugungen jeden Tag auszuleben:

- **Verbindungen auf der Grundlage gemeinsamer Werte aufbauen:** Seien Sie in der Gesellschaft von Menschen, die Ihre Grundprinzipien hochhalten.

Mit Menschen, die Ihre Prioritäten wertschätzen und verstehen, sind Sie von unterstützenden und erfüllenden Interaktionen umgeben.

- **Treffen Sie Entscheidungen auf der Grundlage von Werten:** Treffen Sie tägliche Entscheidungen auf der Grundlage Ihrer Grundprinzipien. Dies kann alles umfassen, von Ihren sozialen Interaktionen bis hin zur Art und Weise, wie Sie Ihre Freizeit verbringen. Wenn beispielsweise „Integrität" einer Ihrer wichtigsten Werte ist, stellen Sie sicher, dass Sie sich immer ehrenhaft und moralisch verhalten.

- **Andere dazu ermutigen, ihre Werte hochzuhalten:** Überlegen Sie, wie Sie jemanden dabei unterstützen können, sich auf seine Werte zu besinnen, wenn Sie sehen, dass er Probleme hat. Wenn Unterstützung und Anleitung gegeben werden, können sich positive Veränderungen einstellen.

Die Wiederherstellung Ihrer Verbindung zu Ihren Grundprinzipien ist eine kontinuierliche Anstrengung. Ihre Werte können sich ändern, wenn Sie mit den Schwierigkeiten und Erfahrungen des Lebens fertig werden. Es ist entscheidend, weiterhin über Ihr Leben nachzudenken und an Ihren tatsächlichen Werten festzuhalten.

Die Kraft des „Nein" neu betrachtet: Passen Sie Ihr Verhalten Ihren Prinzipien an

Wenn Sie nach Ihren Prinzipien handeln, fällt es Ihnen viel leichter, „Nein" zu sagen. Sie haben eine solide Grundlage, um sanft, aber bestimmt „Nein" zu sagen, wenn eine Bitte Ihren Werten zuwiderläuft. Wenn beispielsweise die „Work-Life-Balance" einer Ihrer wichtigsten Werte ist, können Sie auch die Annahme weiterer Jobs ablehnen, die lange Arbeitszeiten erfordern würden.

Bewahren Sie Ihre Grundsätze: Beispiele für Buchhalter

Im Folgenden finden Sie einige Beispiele dafür, wie Buchhalter ihre Grundüberzeugungen in ihre Arbeit einfließen lassen können:

- Ein Buchhalter, der sich der Aufgabe verschrieben hat, „anderen zu helfen", kann seine Zeit dafür zur Verfügung stellen, kleinen Firmen oder Personen mit bescheidenem Einkommen bei der Einreichung ihrer Steuererklärung zu helfen.
- Ein Buchhalter, der großen Wert auf „Genauigkeit" legt, könnte weitere Qualitätskontrollverfahren einführen, um ein Höchstmaß an Genauigkeit in seiner Finanzberichterstattung zu gewährleisten. • Ein Buchhalter, der großen Wert auf „Innovation" legt, könnte nach Möglichkeiten suchen, neue Technologien zur Verbesserung der internen Buchhaltungsverfahren einzusetzen.

Die Tour geht weiter mit der Entwicklung von Resilienz und Selbstpflegepraktiken

Einer der wichtigsten Schritte, um Ihre Leidenschaft neu zu entfachen und ein Burnout zu vermeiden, besteht darin, sich auf Ihre Grundprinzipien zu besinnen. Aber das ist nur ein Teil des Ganzen. Im nächsten Kapitel wird die Bedeutung von Selbstfürsorge und der Bildung gesunder Gewohnheiten untersucht, um die Belastbarkeit zu erhöhen und das Überwinden von Hindernissen zu erleichtern. Wenn Sie Ihre körperliche und geistige Gesundheit an erste Stelle setzen, sind Sie besser in der Lage, mit Stress umzugehen, sich von Rückschlägen zu erholen und sowohl im Privat- als auch im Berufsleben erfolgreich zu sein.

Zusätzliche Ratschläge zur Wiederherstellung Ihrer Verbindung zu Ihren Grundwerten:

• **Tagebuch schreiben:** Ein regelmäßiges Tagebuchschreiben kann eine effektive Methode sein, um über sich selbst nachzudenken. Untersuchen Sie Ihre Werte und wie sie sich in Ihrem Leben zeigen, indem Sie Schreibanregungen nutzen.

• **Achtsamkeitstechniken:** Sie können Ihr Bewusstsein für Ihre Gedanken, Gefühle und Werte steigern, indem Sie Achtsamkeitsmeditation praktizieren. Sie können in Ihren Gedanken Platz schaffen, um sich wieder mit Ihrem inneren Kompass vertraut zu machen, indem Sie Ihren Kopf frei machen.

• **Suchen Sie Inspiration:** Erfahren Sie mehr über grundlegende Prinzipien, indem Sie Bücher und Artikel lesen oder Podcasts anhören. Es kann motivierend sein, zu sehen, wie andere Menschen ihre Ideale definiert und in ihr Leben integriert haben.

Vergessen Sie nie, dass ein sinnvolles und zufriedenstellendes Leben auf Ihren Grundprinzipien aufbaut. Sie sind auf dem besten Weg, den Burnout-Kreislauf zu beenden und Ihren Funken wiederzufinden, wenn Sie sich wieder mit diesen Prinzipien auseinandersetzen und sie in Ihre täglichen Entscheidungen integrieren.

Identifizieren Sie Ihre Leidenschaften: Was motiviert Sie außerhalb der Arbeit wirklich?

Die Wiederherstellung einer Verbindung zu Ihren Grundüberzeugungen ist ein wichtiger Schritt, um Ihre Leidenschaft neu zu entfachen und ein Burnout zu vermeiden. Leidenschaft ist jedoch ein weiterer wesentlicher Bestandteil des Puzzles. Die Interessen und Aktivitäten, die Sie abseits der Arbeit begeistern und motivieren, sind Ihre Leidenschaften. Sie stehen für die Aktivitäten, an denen Sie kostenlos teilnehmen würden, und die Freizeitbeschäftigungen, die Sie glücklich und zufrieden machen. Die Wiederbelebung Ihrer Interessen kann einen großen Einfluss auf Ihr allgemeines Wohlbefinden und Ihre berufliche Zufriedenheit haben, ähnlich wie Ihre Grundprinzipien.

Warum sind Leidenschaften wichtig?

Leidenschaften haben viele Vorteile:

- **Entspannung:** Eine der besten Möglichkeiten, sich nach einem anstrengenden Tag zu entspannen und Stress abzubauen, besteht darin, Dinge zu tun, die Ihnen Spaß machen. Sie können sich von den Zwängen der Arbeit lösen und Ihren Geist mit neuer Energie versorgen, indem Sie sich auf Ihre Hobbys konzentrieren.

- **Verbesserte Kreativität:** Die Teilnahme an kreativen Aktivitäten kann Ihnen sowohl privat als auch beruflich von Nutzen sein. Wenn Sie sich motiviert und inspiriert fühlen, können Sie auf kreative Problemlösungstechniken und neue Ideen stoßen.

- **Ein Gefühl des Sinns:** Wenn Sie sich außerhalb der Arbeit Hobbys widmen, kann das Ihrem Leben eine umfassendere Richtung und Bedeutung verleihen. Es gibt Ihnen ein Gefühl der Zufriedenheit und persönlichen Identität und erinnert Sie daran, dass Sie mehr sind als nur Ihre Berufsbezeichnung.

- **Verbesserte Energie:** Die Beschäftigung mit Aktivitäten, die Sie begeistern, kann Ihnen viel Energie verleihen. Sie werden sich eifriger und motivierter fühlen, nachdem Sie diese Ziele verfolgt haben, sowohl privat als auch beruflich.

Entdecken Sie Ihre Leidenschaften: Eine introspektive Reise

Wie erkennen Sie also Ihre Leidenschaftsgebiete? Hier sind ein paar hilfreiche Übungen:

- **Denken Sie an Ihre frühen Jahre zurück:** Welchen Beschäftigungen haben Sie als Kind am liebsten nachgegangen? Waren Sie von Kunst und Handwerk, Sport oder der freien Natur fasziniert? Wenn Sie sich noch einmal mit Ihren früheren Beschäftigungen auseinandersetzen, erfahren Sie möglicherweise wichtige Einzelheiten über Ihre inneren Wünsche.
- **Die Übung mit dem Titel „Zeitmaschine":** Gehen Sie davon aus, dass Ihre Ressourcen und Ihre Freizeit unbegrenzt sind. Was für einen Tag würden Sie verbringen?

Welche Beschäftigungen würden Sie am glücklichsten und erfülltesten machen? Mithilfe dieser Aktivität können Sie Ihre innersten Interessen und Wünsche entdecken.
- **Führen Sie ein „Energieaudit" durch**indem Sie Aktivitäten in Betracht ziehen, die Ihnen ein Gefühl von Kraft oder Erschöpfung geben. Aktivitäten, die Ihre Energie rauben, entsprechen möglicherweise nicht Ihren wahren Interessen, aber Ihre Leidenschaften werden Sie auf natürliche Weise beleben.

Übung zur Wertefindung: Bringen Sie Ihre Arbeit und Ihre Leidenschaften in Einklang

Sie beginnen, Ihre Interessen zu erkennen. Lassen Sie uns also darüber sprechen, wie Sie diese in Ihr Arbeitsleben und Ihre Grundprinzipien integrieren können. Um Ihnen dabei zu helfen, finden Sie hier eine Übung zur Wertefindung:

1. Bestimmen Sie Ihre Grundprinzipien: Denken Sie über Ihre Grundüberzeugungen nach. Welche Grundüberzeugungen dienen Ihnen als Leitfaden für Ihre Entscheidungen und Handlungen? Sie können bei diesem Prozess Hilfe von verschiedenen Online-Tools und wertklärenden Aktivitäten erhalten. Um Ihnen den Einstieg zu erleichtern, sollten Sie die folgenden allgemeinen Grundwerte berücksichtigen:

Schützen, Erziehen, Fordern, Unterstützen, Anerkennen, Fördern, Unabhängigkeit und Ausgleichen

2. Untersuchen Sie Ihre Interessen: Machen Sie eine Liste der Hobbys und Freizeitbeschäftigungen, die Ihnen außerhalb der Arbeit Spaß machen und die Sie erfüllen. Das kann alles Mögliche sein, von Wandern über die Mithilfe in Ihrer Nachbarschaft bis hin zum Musizieren.

3. Die Punkte verbinden: Denken Sie an dieser Stelle darüber nach, wie sich Ihre Hobbys und Grundüberzeugungen auf Ihre Karriere auswirken könnten. Die folgenden Vorschläge werden Ihnen dabei helfen:

- **Wert:** Sicherheit; Leidenschaft: Freiwilligenarbeit im Tierheim; Mögliche Integration: Könnten Sie Ihren Buchhaltungshintergrund nutzen, um einer gemeinnützigen Organisation bei der Finanzverwaltung zu helfen?
- **Wert:** Kreativität | Leidenschaft: Schreiben o Potenzielle Integration: Könnten Sie kreative Schreibanregungen nutzen, um bei Brainstorming-Sitzungen bei der Arbeit originelle Ideen zu entwickeln?
- Lernen ist wertvoll. Die Teilnahme an Branchenkonferenzen ist eine Leidenschaft.
- **Mögliche Integration:** Können Sie Ihren Vorgesetzten zur Förderung Ihrer beruflichen Weiterentwicklung die Teilnahme an entsprechenden Konferenzen oder Workshops vorschlagen?

Denken Sie daran, dass dies ein fortlaufender Prozess ist. Ihre Strategie, Ihre Hobbys und Grundüberzeugungen in

Ihr Arbeitsleben zu integrieren, kann sich im Zuge dessen ändern.

Beispiele aus allen Arbeitsbereichen:

Nachfolgend finden Sie weitere Beispiele aus unterschiedlichen Berufsfeldern, die zeigen, wie Sie Ihre Hobbys und Ihre Grundprinzipien im Beruf vereinen können:

- Marketingexperte (Liebe zur Fotografie, Wertschätzung für Kreativität): Sie können vorschlagen, in Ihren Werbemaßnahmen benutzergeneriertes Bildmaterial zu verwenden.
- Softwareentwickler (Wert: Herausforderung, Leidenschaft: Klettern): Bieten Sie Ihre Programmierkenntnisse an, um eine App für ein Fitnessstudio zu erstellen, das Klettern anbietet.
- Lehrer (Leidenschaft: Reisen, Wert: Anderen helfen): Um Ihre Schüler zu motivieren, nehmen Sie Unterrichtsstunden oder Projekte mit Reisethemen in Ihren Lehrplan auf.

Sie können Ihr Arbeitsleben sinnvoller und zufriedenstellender gestalten, indem Sie Ihre Hobbys entdecken und sie mit Ihren Grundüberzeugungen in Einklang bringen. Hier sind noch ein paar weitere Hinweise, die Sie sich merken sollten:

Seien Sie aufgeschlossen: Setzen Sie sich keine Grenzen! Es ergeben sich unerwartete Möglichkeiten, Ihre Interessen und Ihre Karriere zu verbinden. Seien Sie bereit, neue Perspektiven und Beziehungen zu erkunden.

- **Fangen Sie klein an:** Sie müssen nicht gleich große Veränderungen vornehmen. Beginnen Sie damit, kleine Teile Ihrer Hobbys in Ihren Arbeitsalltag einzubauen. Das kann beispielsweise der Vorschlag eines Projekts sein, das Ihre Hobbys und beruflichen Talente vereint, der Beitritt zu einer Unternehmensgruppe, die Ihre Leidenschaft teilt, oder die Einräumung einer bestimmten Mittagspause für eine kreative Tätigkeit.

- **Sprechen Sie für sich selbst:** Scheuen Sie sich nicht, mit Ihrem Management über Ihre Leidenschaften und deren Nutzen für das Unternehmen zu sprechen. In einem freundlichen Arbeitsumfeld werden Sie inspiriert, Ihren Hobbys nachzugehen und Ihre besonderen Fähigkeiten einzubringen.

Denken Sie immer daran, dass ein sinnvolles Leben bedeutet, ein Gleichgewicht zwischen Ihren persönlichen und beruflichen Zielen zu finden. Sie können ein Arbeitsleben gestalten, das sich sinnvoll und anregend anfühlt, indem Sie sich wieder mit Ihren Grundüberzeugungen auseinandersetzen und verstehen, was Sie antreibt.

Richten Sie Ihre Arbeit an Ihren Werten aus: Finden Sie einen Sinn in Ihrer Karriere.

Ein guter erster Schritt besteht darin, Ihre Verbindung zu Ihren Interessen und Grundüberzeugungen wiederherzustellen. Doch wie können Sie diese Prinzipien auf eine erfolgreiche Karriere anwenden? In diesem Kapitel werden Möglichkeiten untersucht, Ihren Job und Ihre Ideale in Einklang zu bringen, z. B. durch innovative Änderungen an Ihrer aktuellen Position, die Suche nach Nebenprojekten, Freiwilligenarbeit oder sogar einen Berufswechsel.

Sinnvolle Dinge jenseits des Gehaltsschecks entdecken

Viele Berufstätige landen in Positionen, die nicht ihren Grundüberzeugungen entsprechen. Diese Desinteressen können zu Burnout und einem Gefühl der Sinnlosigkeit führen. Die folgenden Anzeichen deuten darauf hin, dass Ihr Job möglicherweise nicht mit Ihren Werten übereinstimmt:

- **Ständig ängstliche Sonntage:** Sie haben Angst davor, sonntags wieder zur Arbeit zu gehen, weil die Sonntagsängste besonders stark zuschlagen.
- **Unmotiviertheit:** Ihre Leidenschaft und Motivation für Ihre Arbeit sind verschwunden.
- **Moralische Konflikte:** Sie empfinden ethisches Unbehagen, wenn Ihr Arbeitsumfeld oder die

Unternehmensrichtlinien im Widerspruch zu Ihren Grundüberzeugungen stehen.

Stellen Sie Ihre Werte in den Vordergrund: Strategien für Arbeitgeber

Auch wenn Ihre derzeitige Position vielleicht nicht perfekt zu Ihnen passt, gibt es Methoden, ihr mehr Bedeutung und Zweck zu verleihen. Im Folgenden finden Sie einige Taktiken:

- **Suchen Sie nach Beitragsmöglichkeiten:** Überlegen Sie, wie Sie Ihre Interessen und Fähigkeiten in Ihrem derzeitigen Job am besten einsetzen können. Vielleicht könnten Sie ein neues Projekt vorschlagen, das Ihren Interessen entspricht, oder sich freiwillig für eine ehrenamtliche Tätigkeit engagieren, die Ihren Idealen entspricht.
- **Veränderungen fördern:** Sprechen Sie mit Ihrem Management, wenn die Unternehmenskultur nicht mit Ihren Idealen übereinstimmt. Möglicherweise können Sie positive Entscheidungen herbeiführen, die das Geschäft und Ihr Sendungsbewusstsein voranbringen.
- **Höherqualifizierung zur Werteausrichtung:** Erwägen Sie, berufliche Aufstiegsmöglichkeiten wahrzunehmen, die Ihren Idealen entsprechen. Dazu können die Anmeldung zu Kursen, der Besuch von Seminaren oder der Erwerb neuer Qualifikationen gehören, die zu Möglichkeiten

für Jobs oder Projekte führen, die besser zu Ihren Motivationen passen.

Entdecken Sie Ihren Funken durch Nebenjobs und Freiwilligenarbeit Nebenjobs und Freiwilligenarbeit können hervorragende Möglichkeiten sein, Ihren Interessen nachzugehen und Ihre Fähigkeiten auf eine Weise anzubieten, die mit Ihren Werten im Einklang steht. Hier sind einige motivierende Beispiele:

- **Der umweltbewusste Buchhalter:** Sarah arbeitet tagsüber als Unternehmensbuchhalterin und stellt ihre Finanzkenntnisse einer nahegelegenen gemeinnützigen Organisation zur Verfügung, die sich für die Umwelt einsetzt. Sie unterstützt sie dabei, Mittel für ihre Naturschutzinitiativen zu beschaffen und nachhaltige Budgetierungsverfahren zu entwickeln. Sarahs Liebe zum Umweltschutz und ihre Buchhaltungskenntnisse können nun kombiniert werden.
- **Der kreative Buchhalter:** David schreibt gern und arbeitet als Buchhalter für ein kleines Bauunternehmen. In seiner Freizeit schreibt er als freiberuflicher Content-Autor Artikel über Finanzkompetenz für Internetmedien. Dies gibt David die Möglichkeit, seine künstlerischen Fähigkeiten zu zeigen und ein größeres Publikum über Finanzen aufzuklären.
- **Der technisch versierte Steuerberater:** Emily ist eine technisch versierte Steuerberaterin. Sie nutzte ihr digitales Fachwissen, um den Prozess für Firmeninhaber in der Nähe zu beschleunigen,

und startete ein Nebenprojekt, das Buchhaltungs- und Steuervorbereitungsdienste für kleine Unternehmen anbietet. Dadurch kann Emily ihre Begeisterung für die Förderung des Erfolgs kleiner Unternehmen mit ihrem Wissen über Buchhaltung verbinden.

Den Sprung wagen: Den Beruf wechseln und Werte in Einklang bringen

Manchmal kann eine größere Anpassung erforderlich sein, um echte berufliche Zufriedenheit zu erreichen. Bevor Sie einen Karriereschritt machen, sollten Sie Folgendes berücksichtigen:

- **Übertragbare Fähigkeiten:** Überlegen Sie, welche Ihrer Fähigkeiten übertragbar sind und wie Sie diese in einem anderen Berufsfeld einsetzen können. Die meisten beruflichen Fähigkeiten sind in mehreren Branchen nützlich.
- **Untersuchung und Forschung:** Informieren Sie sich über mögliche Karrierewege, die Ihren Interessen und Idealen entsprechen. Knüpfen Sie Kontakte zu Experten in diesen Bereichen, um Wissen zu erwerben und die Realität der Beschäftigung zu untersuchen.
- **Finanzielle Aspekte:** Ein Berufswechsel kann zu einem vorübergehenden Einkommenseinbruch führen. Überlegen Sie sich, wie Sie sich während des Wechsels über Wasser halten können, und denken Sie sorgfältig über Ihre finanziellen Anforderungen nach.

Motivierende Erzählungen von Menschen, die ihre Karriere gewechselt haben:

Hier sind einige Beispiele von Berufstätigen, die Zufriedenheit in ihrer Arbeit fanden, indem sie ihre Werte mit ihrer Karriere in Einklang brachten:

• **Vom Auditor zum Yogalehrer:** Jessica, eine ehemalige Wirtschaftsprüferin, hatte das Gefühl, dass ihr bei ihrer Arbeit weder körperliche Bewegung noch Kreativität fehlten. Sie investierte in die Ausbildung zur Yogalehrerin und nutzte dabei ihre finanzielle Disziplin. Heute verbindet sie ihre Liebe zur Gesundheit mit ihrem Organisationstalent, um ein erfolgreiches Yogastudio zu leiten.

• **Übergang vom Steueranwalt zum Nachhaltigkeitsberater:** Michael, ein Steueranwalt, bemerkte eine zunehmende Distanz zu seiner Position als Unternehmer. Er ließ sich im Umweltrecht weiterbilden und wurde schließlich Nachhaltigkeitsberater, wo er Unternehmen zu umweltfreundlichen Geschäftsabläufen beriet.

• **Vom Buchhalter zum Therapeuten:** Während ihrer ehrenamtlichen Tätigkeit in einer psychiatrischen Klinik entwickelte Lisa, eine Buchhalterin, eine Liebe dafür, anderen zu helfen. Sie ging zurück an die Schule, um einen Abschluss in Psychologie zu machen, und leitet heute eine private Therapiepraxis, in der sie Klienten hilft, sowohl emotionales als auch finanzielles Wohlbefinden zu erreichen. Dabei nutzt sie ihr Finanzwissen.

Denken Sie daran, dass ein erfüllender Job mehr beinhaltet als nur ein fettes Gehalt. Um ein erfüllendes und anregendes Arbeitsleben zu haben, ist es wichtig, dass Ihre Werte, Interessen und Fähigkeiten übereinstimmen. Hier sind noch ein paar weitere Hinweise, die Sie sich merken sollten:

• **Haben Sie Geduld und Ausdauer:** Es kann einige Recherche und Mühe erfordern, die ideale Übereinstimmung zwischen Arbeit und Werten zu finden. Seien Sie mitfühlend mit sich selbst und bleiben Sie bei der Suche nach einem lohnenden Beruf beharrlich.

• **Strategisches Networking:** Knüpfen Sie Kontakte zu Experten in Bereichen, die Ihre Ansichten teilen. Nehmen Sie an Online-Foren teil, besuchen Sie Branchenveranstaltungen und nutzen Sie Ihr Netzwerk, um andere Stellenangebote zu entdecken und zu prüfen.

• **Lassen Sie sich beraten:** Ziehen Sie in Erwägung, einen Mentor oder Berufsberater um Rat zu fragen. Sie können Ihnen aufschlussreiche Ratschläge und Ermutigung geben, während Sie verschiedene Karrieremöglichkeiten erkunden.

Der Einfluss von „Und": Ein komplexes Leben akzeptieren

Letztendlich ist ein glückliches Leben oft ein Flickenteppich aus vielen Komponenten. Ein Element des Puzzles ist Ihr Job. Es ist in Ordnung, sich nicht gezwungen zu fühlen, eine einzige Karriere zu verfolgen, die alle Ihre Interessen vereint. Durch Ihre persönlichen

Interaktionen, Nebenprojekte, Freiwilligenarbeit und Hobbys können Sie Ihre Werte und Interessen kultivieren.

Denken Sie daran, dass es ein fortlaufender Prozess ist, einen Weg zu finden, Ihren Job und Ihre Ideale in Einklang zu bringen. Ihr idealer Arbeitsplatz kann sich ebenso ändern wie Ihre Hobbys und Prinzipien. Diese Taktiken können Ihnen dabei helfen, einen Karriereweg zu entwerfen, der Sie erfüllt, Sie motiviert und Ihnen ermöglicht, sowohl in Ihrem Privat- als auch in Ihrem Berufsleben erfolgreich zu sein. Denken Sie nur daran, dem treu zu bleiben, was Ihnen wichtig ist.

Selbstreflexion

Verbinden Sie sich wieder mit Ihrem Funken

1. Die Sonntagsschrecken: Sind Sie sonntags nervös, weil Sie wissen, dass die Arbeitswoche bald beginnt?

2. Werttrennung: Denken Sie an Ihren aktuellen Arbeitsplatz. Gibt es dort Elemente, die im Widerspruch zu Ihren Grundüberzeugungen stehen?

3. Motivationskrise: Haben Sie in letzter Zeit das Interesse und die Motivation für Ihren Beruf verloren?

4. Leidenschaft abseits der Arbeit: Welche außerschulischen Aktivitäten geben Ihnen ein echtes Gefühl der Erfüllung und Energie?

5. Klärung der Grundwerte: Sind Sie sich Ihrer Grundwerte und der Leitprinzipien bewusst, die Ihre Entscheidungen beeinflussen?

Transformative Übungen

Entfachen Sie Ihre Leidenschaft neu

1. Die charakteristischen Zeiten Denken Sie an wichtige Zeiten in Ihrem Leben zurück, in denen Sie glücklich, inspiriert oder stolz waren. Welche Prinzipien haben Sie in solchen Situationen geleitet?

2. Ihr optimaler Arbeitstag: Schließen Sie die Augen und stellen Sie sich Ihren idealen Arbeitstag vor. In welcher Funktion wären Sie tätig? Mit wem würden Sie zusammenarbeiten? Wie ist die allgemeine Atmosphäre bei Ihnen vor Ort?

3. Klärung der Werteerkundung: Nutzen Sie Arbeitsmappen oder Internetressourcen, die Ihnen dabei helfen sollen, Ihre Grundwerte zu entdecken. Diese Ressourcen bieten möglicherweise aufschlussreiche Rahmenbedingungen und Möglichkeiten zur Reflexion.

4. Das Werte-Ausrichtungs-Audit: Bewerten Sie, wie effektiv Ihre aktuelle Position Ihre Grundüberzeugungen widerspiegelt. Gibt es für Sie Möglichkeiten, Ihre Aufgaben oder Projekte so zu ändern, dass sie Ihre Werte besser widerspiegeln?

5. Das Passion Project-Experiment: Suchen Sie nach außerschulischen Aktivitäten, die Sie glücklich und kreativ machen. Dies kann die Anmeldung zu einem Kurs in einem Fach sein, das Sie schon immer studieren wollten, Freiwilligenarbeit oder der Beitritt zu einer Gruppe.

Wichtige Erkenntnisse aus Kapitel 13

Entzünden Sie Ihren Funken neu

1. Die Macht grundlegender Werte: Basierend auf Ihren Grundüberzeugungen können Sie diese als Kompass nutzen, um Ihr Handeln zu lenken, Ihre Beziehungen zu gestalten und Ihr Gefühl der Zufriedenheit zu beeinflussen.

2. Entdecken Sie Ihre Grundwerte: Denken Sie über lebensbestimmende Ereignisse nach, stellen Sie sich Ihren perfekten Arbeitstag vor und nutzen Sie wertklärende Aktivitäten, um Ihre wahren Prioritäten zu finden.

3. Verbinden Sie Ihre Werte mit Ihrer Arbeit: Bewerten Sie Ihre aktuelle Position und suchen Sie nach Möglichkeiten, Aufgaben zu ändern, Reformen voranzutreiben oder eine Veränderung Ihres Karrierewegs anzustreben, die mit Ihren Grundüberzeugungen im Einklang steht.

4. Die Bedeutung von Leidenschaften: Wenn Sie Ihr Interesse an den Dingen neu entfachen, die Sie außerhalb der Arbeit begeistern, kann dies große Auswirkungen auf

Ihr allgemeines Wohlbefinden und Ihre berufliche Zufriedenheit haben.

5.Interessen in die Arbeit integrieren: Entscheiden Sie, was Ihre Interessen sind, und suchen Sie nach Methoden, diese mit Ihrer Karriere und Ihren Grundüberzeugungen in Einklang zu bringen.

Kapitel 14

Neue Horizonte entdecken: Weiterbildung und berufliches Wachstum.

„Gebildet ist nur derjenige, der gelernt hat, wie man lernt und sich verändert." Carl Rogers. Die Fähigkeit zu lernen und sich anzupassen ist in der sich ständig verändernden Welt von heute wichtiger denn je für beruflichen Erfolg und persönliche Zufriedenheit. Um Burnout zu vermeiden und Resilienz zu fördern, untersucht dieses Kapitel die Bedeutung von beruflichem Aufstieg und Weiterbildung. Wenn Sie lebenslanges Lernen praktizieren und aktiv nach Möglichkeiten für berufliches Wachstum suchen, geben Sie sich die Werkzeuge, die Sie brauchen, um Hindernisse zu überwinden, neue Chancen zu ergreifen und in Ihrem gewählten Sektor erfolgreich zu sein.

Die sich verändernde Umgebung und die Bedeutung ständigen Lernens

Die Arbeitswelt ist einem ständigen Wandel unterworfen. Die Erwartungen der Arbeitgeber ändern sich, Branchenstandards ändern sich und es entstehen neue Technologien. Wenn Sie der Weiterbildung keine hohe Priorität einräumen, besteht die Gefahr, dass Sie sich uninspiriert fühlen und auf diesem schnelllebigen Markt nicht wettbewerbsfähig sind.

Folgende Argumente sprechen stark für lebenslanges Lernen:

- **Bewahrung Ihres Wettbewerbsvorteils:** Durch kontinuierliche Weiterbildung bleiben Sie über Marktentwicklungen auf dem Laufenden, erwerben neue Fähigkeiten und erweitern Ihre Wissensbasis. Auf diese Weise bleiben Sie auf dem Arbeitsmarkt wettbewerbsfähig und sind für zukünftiges berufliches Wachstum und Beförderungen gerüstet.

- **Anpassung an Veränderungen:** Am modernen Arbeitsplatz ist die Fähigkeit, sich an Veränderungen anzupassen, eine entscheidende Fähigkeit. Durch kontinuierliches Lernen können Sie neue Technologien übernehmen, sich an veränderte Prozesse anpassen und Ihre Flexibilität angesichts unvorhergesehener Schwierigkeiten bewahren.

- **Verbesserte Problemlösungsfähigkeiten:** Kritisches Denken und Problemlösungsfähigkeiten werden durch lebenslanges Lernen gefördert. Das Lernen und Erkunden neuer Ideen hilft Ihnen dabei, Probleme aus verschiedenen Perspektiven anzugehen und kreative Lösungen zu finden.

- **Verbesserte Motivation und Selbstvertrauen:** Der Erwerb neuer Informationen und Fähigkeiten kann Ihre Motivation und Ihr Selbstwertgefühl erheblich steigern. Dieses Erfolgserlebnis kann Ihre Motivation und Ihr Interesse an Ihrem Karriereweg aufrechterhalten.

Zahlreiche Möglichkeiten zur Weiterbildung

Es gibt andere Orte als typische Klassenzimmer für Weiterbildung. Hier sind ein paar andere Strategien, über die Sie nachdenken sollten:

• **Formelle Bildung:** Sie können Ihre beruflichen Qualifikationen verbessern und vertiefte Kenntnisse erwerben, indem Sie Master-Abschlüsse, berufliche Zertifizierungen und branchenspezifische Kurse absolvieren.

• **Online-Lernplattformen:** Es gibt eine Vielzahl von Online-Lernplattformen, die Webinare, Tutorials und Kurse zu fast jedem Thema anbieten. Für Berufstätige mit einem geschäftigen Leben bieten diese Dienste Flexibilität und Kosteneinsparungen.

• **Branchenkonferenzen und Workshops:** Durch die Teilnahme an Branchenkonferenzen und Workshops können Sie Kontakte zu Kollegen knüpfen, Branchenexperten einen Rat einholen und sich über die neusten Trends auf dem Laufenden halten.

• **Mentoring und Coaching:** Diese Programme bieten individuelle Beratung, Unterstützung und Einblicke von erfahrenen Experten.

• **Selbstständiges Lernen:** Unterschätzen Sie niemals die Wirksamkeit dieser Art der Ausbildung. Um Ihr Wissen nach Ihren Wünschen zu erweitern, lesen Sie Fachzeitschriften, hören Sie Podcasts und nutzen Sie Internetressourcen.

Spezifische Lernziele festlegen: Eine orientierte Methode

Für erfolgreiches kontinuierliches Lernen ist es wichtig, spezifische, messbare Ziele festzulegen. Die folgenden Maßnahmen werden Ihnen dabei helfen:

• **Selbstauswertung:** Bewerten Sie Ihre aktuellen Fähigkeiten und entscheiden Sie, in welchen Bereichen Sie noch arbeiten müssen. Denken Sie über die Fähigkeiten nach, die in Ihrem Bereich und in Ihrem angestrebten Karriereweg geschätzt werden.

• **Ziele festlegen:** Setzen Sie sich für Ihren Lernprozess SMART-Ziele (spezifisch, messbar, erreichbar, relevant und zeitgebunden). Beispiele: „Ich werde bis zum Ende des Quartals einen Kurs zur Datenanalyse absolvieren" oder „Ich werde täglich 30 Minuten damit verbringen, Branchenpublikationen zu lesen."

• **Erstellen eines Lernplans:** Skizzieren Sie Ihre Strategie zur Erreichung Ihrer Ziele in einem Lernplan. Dies kann die Anmeldung zu einem bestimmten Kurs, die Nutzung einer Online-Lernumgebung oder das Einplanen von Zeit für selbstgesteuerte Lernübungen umfassen.

Eine Lerngewohnheit entwickeln: Hindernisse überwinden

Ein anspruchsvolles Arbeitspensum zu bewältigen und gleichzeitig die Ausbildung fortzusetzen, erfordert Hingabe und Selbstdisziplin. Hier sind einige Hinweise, wie Sie typische Hindernisse überwinden können:

- **Zeiteinteilung:** Reservieren Sie sich, genau wie bei jedem anderen wichtigen Termin, Zeit in Ihrem Kalender zum Lernen. Um mehr Lernstoff in Ihren hektischen Zeitplan zu integrieren, teilen Sie ehrgeizigere Ziele in kleinere, erreichbarere auf.
- **Priorisierung:** Konzentrieren Sie sich auf die Informationen, die Ihren gegenwärtigen oder zukünftigen beruflichen Zielen am meisten nützen. Überfordern Sie sich nicht, indem Sie versuchen, alles auf einmal zu lernen.
- **Begrüßen Sie den Lernprozess:** Obwohl Lernen manchmal schwierig sein kann, sollte es auch Spaß machen. Wählen Sie Unterrichtsstrategien, die Sie interessant und motivierend finden. Finden Sie Lerngruppen und knüpfen Sie Kontakte zu anderen, die ähnliche Lernziele haben.

Geld in sich selbst investieren: Die Vorteile einer Ausbildung

Es kann sein, dass Sie zunächst Zeit und Geld investieren müssen, um Ihre Ausbildung fortzusetzen. Die Vorteile überwiegen jedoch bei weitem die Nachteile. Ihre Investition wird sich in folgender Weise auszahlen:

- **Höheres Verdienstpotenzial:** Arbeitnehmer mit mehr Fachwissen und Kenntnissen erhalten oft mehr Gehalt. Mit der Zeit kann die Investition in Ihre berufliche Weiterentwicklung Ihr Einkommenspotenzial erheblich steigern.

- **Verbesserte Arbeitsplatzsicherheit:**Lebenslanges Lernen vermittelt Ihnen die Informationen und Fähigkeiten, die Unternehmen suchen. Dies kann Ihre Beschäftigungsfähigkeit auf dem Arbeitsmarkt verbessern und Sie für Ihren derzeitigen Arbeitgeber wertvoller machen.
- **Höhere berufliche Zufriedenheit:**Ein Schlüsselelement der Arbeitszufriedenheit ist ein ausgeprägtes Gefühl von Kompetenz und Selbstvertrauen in die eigenen Fähigkeiten. Sie werden sich bei Ihrer Arbeit kompetenter und zufriedener fühlen, wenn Sie ständig neue Dinge lernen und Ihre Talente verbessern.
- **Persönliches Wachstum und Entwicklung:**Lebenslanges Lernen umfasst mehr als nur den beruflichen Aufstieg; es beinhaltet auch die persönliche Entwicklung. Mehr Informationen zu erhalten, regt die Kreativität an, hält den Geist aktiv und bietet Zugang zu neuen Sichtweisen und Interessen.

Durch Fehler besser werden: Das Growth Mindset

Um lebenslanges Lernen zu ermöglichen, ist eine wachstumsorientierte Denkweise unerlässlich. Die Vorstellung, dass Sie Ihre Talente und Fähigkeiten durch Arbeit und Bildung verbessern können, wird als wachstumsorientierte Denkweise bezeichnet. Sie steht im Gegensatz zu einer starren Mentalität, die Fähigkeiten und Intellekt als dauerhafte Eigenschaften betrachtet.

Eine wachstumsorientierte Einstellung kann Ihnen auf Ihrem Lernweg auf folgende Weise helfen:

- **Begrüßt Schwierigkeiten:** Wenn Sie eine Wachstumsmentalität haben, sehen Sie Hindernisse als Chance, sich zu verbessern. Misserfolge dienen Ihnen als Sprungbrett auf dem Weg zur Meisterschaft.
- **Beharrlichkeit:** Wenn Sie glauben, dass Sie sich durch Anstrengung verbessern können, sind Sie eher geneigt, bei etwas zu bleiben, wenn es schwierig wird. Das Erreichen Ihrer Ziele und das Durchbrechen von Lernplateaus ist nur möglich.
- **Offenheit für Feedback:** Wenn Sie eine wachstumsorientierte Denkweise haben, können Sie Kritik als wichtiges Instrument für Ihre persönliche Entwicklung betrachten. Sie sind offener für konstruktive Kritik und flexibler in Ihrer Herangehensweise an das Lernen.

Über die Karriere hinaus: lebenslanges Lernen

Denken Sie daran, dass das Lernen nie endet, auch nicht im Hinblick auf Ihre Karriere. Nutzen Sie die Chance, Ihren Horizont zu erweitern und neue Interessen in allen Bereichen Ihres Lebens zu entdecken. Lernen Sie kochen, lernen Sie eine neue Sprache oder studieren Sie eine faszinierende historische Epoche. Lebenslanges Lernen macht das Leben frisch und voller Möglichkeiten, und ein neugieriger Geist ist ein glücklicher Geist.

Der Einfluss einer Community: Gemeinsam Wissen erwerben

Die Zusammenarbeit mit anderen während des Studiums kann Ihre Erfahrung erheblich verbessern. Um eine Verbindung mit einer Lerngemeinschaft herzustellen, verwenden Sie diese Methoden:

- **Online-Lernplattformen:** Viele Online-Lernplattformen bieten Communities und Diskussionsforen, in denen Sie mit anderen Benutzern interagieren, Ideen austauschen und Fragen stellen können.
- **Berufsgruppen:** Viele Berufsverbände bieten Konferenzen, Seminare und Bildungsveranstaltungen an, bei denen die Teilnehmer die Möglichkeit haben, sich mit Kollegen zu vernetzen und sich von Fachleuten auf ihrem Gebiet inspirieren zu lassen.
- **Mentoring-Programme:** Diese Programme bringen Sie mit erfahrenen Experten Ihrer Branche zusammen, die Ihnen Ratschläge, Ermutigung und Insiderwissen geben können.

- **Studiengruppen:** Bilden Sie eine Gruppe von Kollegen oder Klassenkameraden, um die Kursmaterialien durchzugehen, Ressourcen auszutauschen und sich gegenseitig für das Erreichen der Lernziele verantwortlich zu machen.

Die Tour geht weiter mit der Entwicklung von Resilienz und Selbstpflegepraktiken

Durch lebenslanges Lernen und aktives Streben nach beruflicher Weiterentwicklung können Sie die Fähigkeiten erwerben, die Sie benötigen, um Hindernisse zu überwinden, in Ihrer Branche auf dem Laufenden zu bleiben und in Ihrer Karriere erfolgreich zu sein.

Selbstreflexion
Neue Horizonte erkunden

1. Zukünftiger Fokus: Wissen Sie genau, was Ihre langfristigen beruflichen Ziele sind? Welche Fähigkeiten und Kenntnisse sind erforderlich, um diese Ziele zu erreichen?

2. Lernumgebung: Berücksichtigen Sie Ihre aktuellen Fähigkeiten. In welchen Bereichen glauben Sie, dass Sie noch im Dunkeln tappen oder nicht genug wissen?

3. Das Labyrinth des Zeitmanagements: Wie gut organisieren Sie Ihren Zeitplan? Gibt es in Ihrem Kalender ein bestimmtes Zeitfenster, das Sie für die Weiterbildung reservieren?

4. Motivation ist wichtig: Was treibt Sie von Natur aus dazu, zu lernen und sich weiterzuentwickeln? Ist es die Suche nach Informationen, berufliches Wachstum oder persönliche Erfüllung?

5. Mindset-Monopol: Glauben Sie, dass Sie mit bestimmten Talenten und Fähigkeiten geboren werden oder glauben Sie, dass Sie diese durch Arbeit und Bildung erwerben können?

Transformative Übungen

Planen Sie Ihren Kurs für kontinuierliches Lernen

1. Das Skills-Audit: Bewerten Sie Ihre aktuellen Stärken und Schwächen, indem Sie eine gründliche Kompetenzanalyse durchführen. Ermitteln Sie Ihre Schwachstellen im Hinblick auf Ihre langfristigen beruflichen Ziele.

2. Das SMART-Ziele-Framework: Um präzise und erreichbare Lernziele zu erstellen, verwenden Sie das SMART-Ziele-Framework. Diese Ziele müssen zeitgebunden, relevant, spezifisch, messbar und erreichbar sein.

3. Die Blaupause für Ihren Lernplan: Erstellen Sie einen individuellen Lernplan, in dem Sie die genauen Schritte zum Erreichen Ihrer Lernziele detailliert beschreiben. Dazu kann beispielsweise die Vereinbarung eines Termins für selbstgesteuerte Lernaktivitäten, die Anmeldung zu Kursen oder die Teilnahme an Online-Communitys gehören.

4. Das Manifest der Entwicklungsmentalität: Erstellen Sie ein Manifest für sich selbst, das Ihr Engagement für eine Entwicklungsmentalität verkörpert. Dieses Zitat kann als wirksame Erinnerung daran dienen, sich Herausforderungen zu stellen und trotz Lernhindernissen durchzuhalten.

5. Die Verbindung zur Lerngemeinschaft: Um eine Community von Lernenden zu finden, die Ihre Interessen und Ziele teilen, informieren Sie sich bei Berufsverbänden, Online-Lernplattformen oder Mentoring-Programmen.

Wichtige Erkenntnisse aus Kapitel 14

Neue Horizonte erkunden

1. Die Notwendigkeit kontinuierlichen Lernens: Um wettbewerbsfähig zu bleiben, sich an Veränderungen anzupassen und in der heutigen, sich schnell verändernden Arbeitswelt in Ihrem gewählten Bereich erfolgreich zu sein, ist kontinuierliches Lernen unerlässlich.

2. Vielfältige Wege zum Wissenserwerb: Der Bereich der Weiterbildung geht über herkömmliche Unterrichtsräume hinaus. Um Ihr Wissen zu erweitern, nutzen Sie Branchenkonferenzen, Online-Lernumgebungen, Mentorenprogramme und selbstgesteuerte Lernübungen.

3. Die Kraft des gezielten Lernens: Setzen Sie sich SMART-Ziele, um Ihren Lernpfad zu unterstützen. Konzentrieren Sie sich auf das Lernen der Dinge, die Ihnen dabei helfen, Ihre gegenwärtigen und zukünftigen beruflichen Ziele zu erreichen.

4. Hindernisse für kontinuierliches Lernen überwinden: Das Überwinden typischer Hindernisse beim lebenslangen Lernen erfordert effektives Zeitmanagement, Priorisierung und Akzeptanz des Lernprozesses.

5. Die Rendite Ihrer Bildungsinvestition: Die Investition von Zeit und Geld in die Weiterbildung zahlt sich in Form eines höheren Einkommenspotenzials, einer verbesserten Arbeitsplatzsicherheit, einer größeren Arbeitszufriedenheit und einer besseren persönlichen Weiterentwicklung aus.

Kapitel 15

Mehr als Burnout: Resilienz für eine nachhaltige Zukunft aufbauen.

„Hinter den Ziegelsteinbarrieren steckt ein Zweck. Der Zweck der Ziegelsteinmauern besteht nicht darin, uns fernzuhalten. Der Zweck der Ziegelsteinmauern besteht darin, uns die Möglichkeit zu geben, auszudrücken, wie sehr wir uns etwas wünschen." — Randy Pausch.

In der heutigen Geschäftswelt ist Burnout aufgrund des ständigen Drucks und der steigenden Erwartungen zu einem weit verbreiteten Problem geworden. Obwohl in den vorherigen Kapiteln Methoden zur Vorbeugung von Burnout behandelt wurden, geht dieses Kapitel über die Vorbeugung hinaus. Wir untersuchen das Konzept der Resilienz, also die Fähigkeit, Hindernisse zu überwinden, sich an Veränderungen anzupassen und trotz Schwierigkeiten erfolgreich zu sein. Indem Sie Resilienz entwickeln, sind Sie besser darauf vorbereitet, die Hindernisse zu bewältigen, die in Ihrem Job unweigerlich auftreten werden, und können Burnout vermeiden.

So funktioniert Resilienz: Was bringt uns zum Rebound?

Resilienz ist das Ergebnis eines komplexen Zusammenspiels vieler verschiedener Elemente. Hier sind einige wesentliche Elemente der Resilienz:

• **Positivität:** Eine positive Einstellung ermöglicht es Ihnen, Hindernisse nicht als unüberwindbare Hürden, sondern als Chancen für die persönliche Entwicklung zu sehen. Sie ermöglicht es Ihnen, angesichts von Widrigkeiten optimistisch zu bleiben und sich auf die Suche nach Antworten zu konzentrieren.

• **Solides Supportsystem:** Ein solides Unterstützungssystem aus Freunden, Familie, Kollegen oder einem Therapeuten bietet unbezahlbare emotionale Unterstützung sowie ein Gemeinschaftsgefühl. Wenn Sie sich der Unterstützung und des Glaubens der Menschen um Sie herum bewusst sind, kann dies Ihre Belastbarkeit erheblich steigern.

• **Selbstbehandlungsgewohnheiten:** Um Ihr körperliches und emotionales Wohlbefinden aufrechtzuerhalten, müssen Sie auf Selbstfürsorge achten, beispielsweise auf eine ausgewogene Ernährung, regelmäßige Bewegung und ausreichend Schlaf. Ein gesunder Körper und Geist sind widerstandsfähiger gegen Stress und können sich schneller von Rückschlägen erholen.

• **Effektive Fähigkeiten zur Problemlösung** ermöglichen es Ihnen, Schwierigkeiten einzuschätzen, praktikable Antworten zu erkennen und Pläne in die Tat umzusetzen, um Hindernisse zu überwinden. Flexibilität und die Fähigkeit, innovative Ideen einzubringen, helfen Menschen, widerstandsfähig zu sein, wenn sich Dinge ändern.

• **Akzeptanz und emotionale Regulierung:**Zwei Schlüsselkomponenten der emotionalen Belastbarkeit sind das Erlernen konstruktiver Bewältigungsstrategien für den Umgang mit herausfordernden Emotionen und die Erkenntnis, dass Hindernisse ein unvermeidlicher Teil des Lebens sind.

Erstellen eines Resilienz-Toolkits: Nützliche Techniken

Resilienz ist eine Fähigkeit, die glücklicherweise mit der Zeit verbessert und weiterentwickelt werden kann. Im Folgenden finden Sie einige praktikable Taktiken, die Sie Ihrem Resilienzrepertoire hinzufügen können:

• **Stellen Sie sich Ihren negativen Gedanken:**Jeder führt manchmal negative Selbstgespräche. Es ist jedoch wichtig, diese Gedanken anzuerkennen und sich ihnen zu stellen. Versuchen Sie, Ihre negativen Gedanken in kraftvollere und aufbauendere umzuwandeln.

• **Entwickeln Sie eine Haltung der Dankbarkeit:**Wenn Sie sich die Zeit nehmen, alle Segnungen des Lebens zu erkennen und dafür dankbar zu sein, kann dies Ihre Lebenseinstellung erheblich verbessern und Ihre Widerstandsfähigkeit stärken. Nehmen Sie sich jeden Tag etwas Zeit, um über die Dinge nachzudenken, für die Sie dankbar sein müssen, oder beginnen Sie ein Dankbarkeits-Notizbuch.

- **Entwickeln Sie Bewältigungsstrategien für Ihr Wohlbefinden:** Suchen Sie nach konstruktiven Strategien, um mit Stress und herausfordernden Gefühlen umzugehen. Dies können angenehme Aktivitäten, Sport, Zeit in der Natur oder entspannende Methoden wie tiefes Atmen oder Meditation sein.
  - **Lernen Sie aus Ihren Fehlern.** Betrachten Sie Misserfolge als lehrreiche Momente. Überlegen Sie, was schiefgelaufen ist, identifizieren Sie Bereiche, in denen noch gearbeitet werden muss, und nutzen Sie dieses Verständnis, um Probleme in Zukunft mit mehr Resilienz anzugehen.
- **Ehren Sie Ihre Leistungen:** Geben Sie all Ihren Leistungen die gebührende Anerkennung, egal wie klein sie auch sein mögen. Die Anerkennung Ihrer Fortschritte gibt Ihnen mehr Vertrauen in Ihre Fähigkeiten und motiviert Sie, weiterzumachen.
- **Entwickeln Sie starke Beziehungen:** Bemühen Sie sich, Kontakte zu optimistischen und ermutigenden Menschen zu knüpfen. Ein starkes soziales Netzwerk bietet ein Gemeinschaftsgefühl und wertvolle Unterstützung in schwierigen Zeiten.

Selbstfürsorge: Der Grundstein der Anpassungsfähigkeit

Selbstfürsorge ist der Eckpfeiler der Entwicklung von Resilienz und kein Luxus. Wenn Sie Ihrer körperlichen und geistigen Gesundheit Priorität einräumen, fällt es Ihnen leichter, Stress zu bewältigen, sich an Veränderungen anzupassen und sich von Rückschlägen zu erholen. Im Folgenden finden Sie einige wichtige Selbstfürsorgeroutinen, die Sie übernehmen sollten:

• **Achten Sie auf eine gesunde Ernährung:** Geben Sie Ihrem Körper die Nahrung und Energie, die er zum Wachsen braucht, indem Sie ihn mit gesunden Mahlzeiten ernähren.

• **Geben Sie dem Schlaf Priorität.** Versuchen Sie, jede Nacht 7-8 Stunden gut zu schlafen. Schlafmangel wirkt sich nachteilig auf Ihr körperliches und emotionales Wohlbefinden aus und erschwert die Stressbewältigung.

• **Regelmäßige Bewegung:** Sport ist eine großartige Möglichkeit, Stress abzubauen und die Stimmung zu verbessern. Versuchen Sie, an den meisten Tagen der Woche mindestens 30 Minuten mäßig intensives Training zu absolvieren.

• **Mind-Body-Methoden:** Tiefe Atemtechniken, Yoga und Meditation können zur Stressreduzierung, Entspannung und besseren Konzentration beitragen.

• **Grenzen setzen:** Um ein Burnout zu vermeiden und Ihr Wohlbefinden zu schützen, ist es wichtig zu lernen, wann man Nein sagt und angemessene Grenzen setzt. Es ist in Ordnung, um Hilfe zu bitten, Verantwortung zuzuweisen und die Arbeit nach Feierabend auf Eis zu legen.

• **Nehmen Sie sich Zeit für Spaß:** Nehmen Sie sich Zeit für die Dinge, die Sie gerne tun, sei es ein gutes Buch lesen, mit Ihren Lieben Zeit verbringen oder Hobbys nachgehen. Die Teilnahme an angenehmen Aktivitäten kann dazu führen, dass Sie sich glücklicher und weniger gestresst fühlen und mehr Energie haben.

Eine nachhaltige Zukunft schaffen: Eine umfassende Strategie

Um Burnout vorzubeugen und die Belastbarkeit zu erhöhen, ist ein umfassender Ansatz erforderlich. Es geht darum, ein gesundes Gleichgewicht zwischen Arbeit und Privatleben zu finden, das Ihre geistige, emotionale und körperliche Gesundheit unterstützt. Hier sind einige weitere Hinweise, über die Sie nachdenken sollten:

• **Bestimmen Sie Ihr Stressniveau:** Achten Sie auf die Faktoren, die in Ihrem Berufsleben Stress und Burnout verursachen. Nachdem Sie Ihre Stressfaktoren identifiziert haben, können Sie effektive Lösungen zum Stressmanagement entwickeln.

• **Nehmen Sie Kontakt mit Ihrem Manager auf:** Es ist wichtig, ehrlich und offen mit Ihrem Vorgesetzten zu kommunizieren. Sprechen Sie über Ihre Verantwortlichkeiten, Sorgen und Ideen zur Weiterentwicklung. Ihre Zufriedenheit bei der Arbeit kann durch einen hilfsbereiten Chef erheblich gesteigert werden.

• **Suchen Sie professionelle Hilfe:** Wenn Sie unter Stress, Angstzuständen oder Burnout leiden, zögern Sie nicht, professionelle Hilfe in Anspruch zu nehmen. Ein Therapeut kann Ihnen hilfreiche Bewältigungstechniken und Strategien beibringen, um Ihre geistige Gesundheit zu verbessern.

- **Akzeptieren Sie lebenslanges Lernen:** Das Lernen hört nie auf, es hält Ihren Geist aktiv und verbessert Ihre beruflichen Fähigkeiten sowie Ihr Erfolgserlebnis. Resilienz und eine optimistischere Einstellung können daraus resultieren.

- **Behalten Sie eine Wachstumsmentalität bei** indem Sie Hindernisse als Chancen für Entwicklung und Bildung sehen. Eine wachstumsorientierte Denkweise macht Sie widerstandsfähiger und ermöglicht es Ihnen, Herausforderungen aus einer einfallsreicheren und optimistischeren Perspektive anzugehen.

Denken Sie daran, dass die Entwicklung von Resilienz ein Prozess und kein endgültiges Ziel ist. Auf dem Weg dorthin sind Hindernisse und Rückschläge unvermeidlich. Das Wichtigste ist, weiterzumachen, auf sich selbst aufzupassen und die in diesem Kapitel besprochenen Techniken anzuwenden. Der Aufbau von Resilienz kann Ihnen dabei helfen, einen dauerhaften und lohnenden Karriereweg einzuschlagen und Sie darauf vorzubereiten, die unvermeidlichen Rückschläge zu überwinden, die mit der Berufstätigkeit einhergehen.

Entwicklung von Stressbewältigungstechniken für langfristiges Wohlbefinden.

„Stress macht dich nicht stärker, er schwächt dich."—
Andrew Bernstein.

Burnout wird maßgeblich durch anhaltenden Stress beeinflusst. Die Entwicklung guter Stressbewältigungsfähigkeiten ist für die langfristige Entwicklung der Belastbarkeit, die Förderung des Wohlbefindens und die Vorbeugung von Burnout von entscheidender Bedeutung. In diesem Kapitel werden verschiedene Strategien zur Stressreduzierung untersucht und Sie dabei unterstützt, die für Sie am besten geeigneten Strategien auszuwählen.

Erkennen Sie Ihre Stressreaktion

Die Stressreaktion des Körpers, auch als „Kampf oder Flucht" bekannt, ist ein primitiver Überlebensmechanismus, der uns hilft, mit unmittelbaren Gefahren fertig zu werden. Doch in der heutigen hektischen Gesellschaft lösen nicht lebensbedrohliche Belastungen wie Abgabetermine, Verkehrsstaus oder zwischenmenschliche Meinungsverschiedenheiten diese Reaktion oft aus. Eine chronische Aktivierung der Stressreaktion kann eine Reihe von nachteiligen Auswirkungen auf die körperliche und geistige Gesundheit haben.

Aufbau eines Toolkits zum Stressmanagement

Die gute Nachricht ist, dass es verschiedene Ansätze zur Stressbewältigung gibt. Hier sind einige beliebte Methoden, die Sie ausprobieren können:

- **Achtsamkeitsmeditation:** Bei der Achtsamkeitsmeditation konzentrieren Sie sich auf das Hier und Jetzt und lassen dabei Urteile los. Untersuchungen haben gezeigt, dass das Praktizieren von Achtsamkeitsmeditation bei der emotionalen Kontrolle, Stressreduzierung und Angstreduzierung helfen kann.
- **Übungen zur tiefen Atmung:** Die Entspannungsreaktion des Körpers lässt sich ganz einfach durch tiefes Atmen aktivieren. Sie können Ihren Blutdruck senken, ein Gefühl der Ruhe erzeugen und Ihren Herzschlag verlangsamen, indem Sie sich auf tiefe, gleichmäßige Atemzüge konzentrieren.
- **Progressive Muskelentspannung:** Bei dieser Technik werden verschiedene Muskelgruppen des Körpers systematisch angespannt und entspannt. Diese Methode kann beim körperlichen Stressabbau helfen und zur Ruhe führen.
- **Yoga und Tai Chi:** Zu diesen Praktiken gehören Meditation, Atemtechniken und Körperhaltungen. Diese Übungen können die Flexibilität erhöhen, die Entspannung fördern und das allgemeine Wohlbefinden verbessern.

- **Physische Aktivität:** Regelmäßige Bewegung hilft, Stress abzubauen und die Stimmung zu heben. Ob zügiges Gehen, Joggen, Schwimmen oder Tanzen – wenn Sie sich an Aktivitäten beteiligen, die Ihnen Spaß machen, fühlen Sie sich insgesamt besser und bauen Stress ab.
- **Zeit in der Natur verbringen:** Untersuchungen haben gezeigt, dass das Verbringen von Zeit in der Natur Stress abbaut, die Stimmung hebt und die kognitive Leistungsfähigkeit steigert. Machen Sie einen Spaziergang im Park, eine Wanderung durch den Wald oder sitzen Sie einfach draußen und genießen Sie das Sonnenlicht und die frische Luft.
- **Kreativer Ausdruck:** Malen, Schreiben, Tanzen oder Musizieren sind Beispiele für kreative Beschäftigungen, die eine großartige Möglichkeit sein können, Dampf abzulassen und die Selbstdarstellung und Entspannung zu fördern.
- **Soziale Verbindung:** Sie können Stress erheblich reduzieren und Ihre Stimmung verbessern, indem Sie Zeit mit Ihren Lieben verbringen, die Sie ermutigen und unterstützen. Kümmern Sie sich um Ihre sozialen Netzwerke und planen Sie angenehme Ereignisse für sich und Ihre Lieben.

Herausfinden, was zu Ihnen passt: Verschiedene Dinge ausprobieren und anpassen

Stressmanagement kann nicht mit einer Einheitslösung angegangen werden. Die besten Strategien ändern sich je nach Ihren individuellen Interessen und Ihrer

Persönlichkeit. Hier sind einige Hinweise, um herauszufinden, was am besten zu Ihnen passt:

- ✓ Probieren Sie mehrere Techniken aus: Finden Sie heraus, welche Stressabbaustrategien für Sie am besten funktionieren, indem Sie damit experimentieren. Während einige glauben, dass Meditation hilfreich ist, treiben andere lieber Sport oder verbringen Zeit im Freien.
- ✓ Haben Sie Geduld: Die Etablierung eines konsequenten Stressabbauprogramms erfordert Zeit und Erfahrung. Wenn Sie nicht sofort Ergebnisse bemerken, geben Sie nicht auf. Wenn Sie durchhalten, werden Sie irgendwann die Früchte ernten.
- ✓ Integrieren Sie Techniken in Ihren Alltag: Suchen Sie nach Methoden, um Stressabbaustrategien in Ihre regelmäßigen Aktivitäten zu integrieren. Sie können zum Beispiel vor einem angespannten Meeting ein paar Mal tief durchatmen oder Ihren Tag mit einer kleinen Meditationssitzung beginnen.
- ✓ Beobachten Sie Ihre Entwicklung: Ein Tagebuch zu führen, um Ihren Stresspegel und den Erfolg verschiedener Methoden zu beobachten, kann eine nützliche Ressource sein. Sie können dies verwenden, um Trends zu erkennen und Ihre Strategie im Laufe der Zeit anzupassen.

Langfristiges Stressmanagement, Stärkung der Resilienz und Vorbeugung von Burnout können Sie erreichen, indem Sie sich einen maßgeschneiderten Werkzeugkasten für Stressmanagement erstellen und diese Strategien in Ihren Alltag integrieren. Denken Sie daran, dass es nicht egoistisch ist, Ihre Gesundheit an erste Stelle zu setzen; vielmehr sollten Sie in allen Facetten Ihres Lebens erfolgreich sein.

Ein Unterstützungsnetzwerk aufbauen: Starke Verbindungen für mehr Belastbarkeit schaffen.

„Eines der schönsten Dinge an der Menschheit ist unsere Fähigkeit, Beziehungen aufzubauen und zu pflegen." – John Bowlby.

Resilienz hängt vor allem von einem starken Unterstützernetzwerk ab. Das sind die Leute, die Sie ermutigen, wenn es schwierig wird, Ihre Erfolge anerkennen und Ihnen ein Gefühl von Gemeinschaft und Verbundenheit vermitteln. Ein Netzwerk unterstützender Menschen kann Stress erheblich reduzieren, Ihre Stimmung heben und Ihre Fähigkeit, Hindernisse zu überwinden, erhöhen. Dieser Unterabschnitt befasst sich mit der Bedeutung des Aufbaus eines starken Unterstützungssystems und bietet nützliche Ratschläge zum Aufbau dieser Beziehungen.

Die Bedeutung von Unterstützungsnetzwerken: Die Macht der Verbindung

Soziale Kontakte sind ein menschliches Grundbedürfnis. Studien zufolge können starke soziale Bindungen Ihr Leben verlängern und Ihre geistige und körperliche Gesundheit sowie Ihr Wohlbefinden verbessern. Im Folgenden finden Sie einige Beispiele dafür, wie Ihnen ein robustes Unterstützungssystem dabei helfen kann, ein Burnout zu vermeiden:

- **Emotionale Unterstützung:** Es kann sehr hilfreich sein, Vertraute zu haben, denen Sie vertrauen können und die in schwierigen Zeiten bereit sind, Ihnen zuzuhören. Ein ermutigendes Netzwerk bietet Ihnen eine sichere Umgebung, in der Sie Ihre Gefühle ausdrücken, Ihren Ärger loswerden und Hilfe erhalten können.
- **Probleme lösen:** Oft kann Ihnen schon die bloße Diskussion eines Problems mit einem zuverlässigen Freund oder Kollegen neue Erkenntnisse verschaffen und mögliche Lösungen aufzeigen. Ihr Unterstützungssystem kann Ihnen aufschlussreiche Kommentare und Ratschläge aus persönlicher Erfahrung liefern.
- **Stressreduzierung:** Sie können Ihren Stresspegel drastisch senken und Ihre Stimmung heben, indem Sie Zeit mit den Menschen verbringen, die Sie lieben, mit denen Sie lachen und entspannen. Soziale Beziehungen vermitteln ein Gefühl der Zugehörigkeit und gleichen die isolierenden Auswirkungen von Langzeitstress aus.
- **Rechenschaftspflicht:** Ein Netzwerk von Verbündeten kann Sie für Ihre Selbstfürsorgeziele verantwortlich machen. Wenn Sie erkennen, dass es Menschen gibt, die sich um Ihr Wohlergehen sorgen, werden Sie vielleicht ermutigt, gutes Verhalten zu betonen und Ihre Routine zur Stressreduzierung beizubehalten.

Erstellen Sie Ihr Supportsystem Stück für Stück

Der Aufbau eines robusten Unterstützungssystems braucht Zeit. Der Aufbau tiefer Beziehungen erfordert Zeit und Arbeit. Beachten Sie diese hilfreichen Hinweise, um Ihnen den Einstieg zu erleichtern:

- **Kümmern Sie sich um aktuelle Beziehungen:** Bemühen Sie sich, die Bindungen zu Ihren Lieben, Kollegen und Freunden zu stärken. Planen Sie regelmäßige Telefongespräche, Videochats oder Treffen ein.
- **Erweitern Sie Ihr Netzwerk:** Verlassen Sie Ihre Komfortzone und suchen Sie nach Möglichkeiten, neue Leute kennenzulernen. Nehmen Sie an beruflichen Networking-Events teil, engagieren Sie sich ehrenamtlich in Ihrer Gemeinde und treten Sie Organisationen oder Gruppen bei, die Ihre Interessen teilen.
- **Seien Sie offen und verletzlich:** Um echte Beziehungen aufzubauen, ist es notwendig, verletzlich zu sein. Sprechen Sie mit anderen über Ihre Ideen und Gefühle und seien Sie bereit, im Gegenzug Hilfe anzunehmen.
- **Gut zuhören:** Gesunde Beziehungen brauchen gegenseitigen Austausch. Seien Sie offen für andere und helfen Sie, wenn nötig. Das stärkt die Beziehung und fördert Gegenseitigkeit.
- **Suchen Sie professionelle Hilfe:** Es kann sehr hilfreich sein, einen Therapeuten in Ihr Unterstützungssystem aufzunehmen. Die Therapie bietet eine sichere Umgebung, in der Sie Ihre Probleme untersuchen, Bewältigungsstrategien entwickeln und

gesündere Ansätze zur Stressbewältigung entdecken können.

Scheuen Sie sich nie, um Hilfe zu bitten: Der Mythos ist widerlegt

Manchmal kann es einschüchternd sein, um Hilfe zu bitten. Professionelle Hilfe bei psychischen Problemen in Anspruch zu nehmen, ist in der Gesellschaft ein Stigma. Aber es ist wichtig, sich vor Augen zu halten, dass das Bitten um Hilfe eher ein Zeichen von Stärke als von Schwäche ist. Ein Therapeut kann sehr hilfreich sein, um emotionale Belastbarkeit aufzubauen, Stress zu bewältigen und Burnout zu überwinden.

Hier sind einige Hinweise, wie Sie das Stigma überwinden und professionelle Hilfe erhalten können:

- **Therapie normalisieren:** Führen Sie offene Gespräche mit Freunden und Familie über die Therapie. Helfen Sie dabei, das Stigma abzubauen, das mit der Inanspruchnahme professioneller Hilfe bei psychischen Problemen verbunden ist.
- **Achten Sie auf die Vorteile:** Erinnern Sie sich an all die Vorteile, die eine Behandlung mit sich bringt. Ein Therapeut kann Ihnen die Fähigkeiten und Techniken vermitteln, die Sie brauchen, um mit Stress umzugehen, Ihre Bindungen zu anderen zu stärken und ein zufriedeneres Leben zu führen.
- **Wählen Sie den richtigen Therapeuten:** Die Auswahl des für Sie besten Therapeuten ist für die Wirksamkeit der Behandlung von

entscheidender Bedeutung. Bis Sie jemanden finden, bei dem Sie sich wohl fühlen und dem Sie vertrauen können, recherchieren Sie, holen Sie sich Empfehlungen ein und vereinbaren Sie Termine.

Sie können ein solides Sicherheitsnetz aufbauen, das Ihre Belastbarkeit erheblich verbessert, einem Burnout vorbeugt und Ihnen die Möglichkeit gibt, in allen Facetten Ihres Lebens erfolgreich zu sein, indem Sie ein starkes Unterstützungssystem aufbauen und um Hilfe bitten, wenn Sie sie brauchen.

Selbstreflexion

Bauen Sie Ihre Widerstandsfähigkeit auf

1. Stress-Audit: Ermitteln Sie die Hauptursachen für Stress in Ihrem Berufsalltag. Welche Auswirkungen haben diese Belastungen auf Ihre körperliche und psychische Gesundheit?

2. Stärke des Unterstützungssystems: Berücksichtigen Sie das Ausmaß und die Qualität Ihres derzeitigen Unterstützungssystems. Kennen Sie Personen, denen Sie vertrauen können und die Sie unterstützen, wenn es schwierig wird?

3. Selbstpflegegewohnheiten: Bewerten Sie Ihre aktuellen Selbstpflegeroutinen. Legen Sie Wert auf ausreichend Schlaf, eine ausgewogene Ernährung und regelmäßige Bewegung?

4. Negative Denkmuster: Sprechen Sie oft negativ mit sich selbst? Welche Techniken können Sie verwenden, um diese mentalen Gewohnheiten zu unterbinden und eine optimistischere Perspektive zu fördern?

5. Bewertung der Wachstumsmentalität: Glauben Sie, dass Ihre Talente und Fähigkeiten in Stein gemeißelt sind oder dass sie durch Arbeit und Bildung verbessert werden können?

Transformative Übungen

Resilienz fördern

1. Das Stressmanagement-Menü: Lernen Sie verschiedene Methoden zur Stressreduzierung kennen und probieren Sie sie aus (z. B. tiefes Atmen, Sport und Meditation). Erstellen Sie Ihr eigenes „Menü" mit Bewältigungsmechanismen, auf die Sie in verschiedenen Stresssituationen zurückgreifen können.

2. Das Dankbarkeitstagebuch: Beginnen Sie damit, ein Dankbarkeitstagebuch zu führen und nehmen Sie sich vor, täglich mindestens drei Dinge aufzulisten, für die Sie dankbar sind. Diese Übung kann Ihre Widerstandsfähigkeit stärken und Ihre optimistische Einstellung erheblich verbessern.

3. Das Verzeichnis der unterstützenden Kreise: Finden Sie heraus, wer in Ihrem aktuellen sozialen Kreis – Freunde, Verwandte, Kollegen oder Therapeuten – Ihnen weitere Hilfe leisten kann. Bemühen Sie sich, wieder Kontakt aufzunehmen und suchen Sie nach Möglichkeiten, diese Verbindungen zu stärken.

4. Die Neuausrichtungs-Herausforderung: Identifizieren Sie eine selbstzerstörerische Denkgewohnheit und arbeiten Sie daran, sie in eine stärkere, überzeugendere Behauptung umzuwandeln. Die tägliche Wiederholung

dieser Übung kann Ihnen helfen, eine wachstumsorientierte Einstellung zu entwickeln und Negativität zu bekämpfen.

5.Der Selbstpflege-Aktionsplan: Erstellen Sie einen individuellen Aktionsplan für sich selbst, der detaillierte Anweisungen zur Erhaltung Ihrer körperlichen und geistigen Gesundheit enthält. Dazu kann gehören, dass Sie sich Zeit für Bewegung nehmen, gesunde Schlafgewohnheiten entwickeln oder beruhigende Freizeitbeschäftigungen aufnehmen.

Wichtige Erkenntnisse aus Kapitel 15

Über Burnout hinaus

1. Das Stressmanagement-Menü: Lernen Sie verschiedene Methoden zur Stressreduzierung kennen und probieren Sie sie aus (z. B. tiefes Atmen, Sport und Meditation). Erstellen Sie Ihr eigenes „Menü" mit Bewältigungsmechanismen, auf die Sie in verschiedenen Stresssituationen zurückgreifen können.

2. Das Dankbarkeitstagebuch: Beginnen Sie damit, ein Dankbarkeitstagebuch zu führen und nehmen Sie sich vor, täglich mindestens drei Dinge aufzulisten, für die Sie dankbar sind. Diese Übung kann Ihre Widerstandsfähigkeit stärken und Ihre optimistische Einstellung erheblich verbessern.

3. Das Verzeichnis der unterstützenden Kreise: Finden Sie heraus, wer in Ihrem aktuellen sozialen Kreis – Freunde, Verwandte, Kollegen oder Therapeuten – Ihnen weitere Hilfe leisten kann. Bemühen Sie sich, wieder Kontakt aufzunehmen und suchen Sie nach Möglichkeiten, diese Verbindungen zu stärken.

4. Die Neuausrichtungs-Herausforderung: Identifizieren Sie eine selbstzerstörerische Denkgewohnheit und arbeiten Sie daran, sie in eine stärkere, überzeugendere Behauptung umzuwandeln. Die tägliche Wiederholung dieser Übung kann Ihnen helfen, eine wachstumsorientierte Einstellung zu entwickeln und Negativität zu bekämpfen.

5. Der Selbstpflege-Aktionsplan: Erstellen Sie einen individuellen Aktionsplan für sich selbst, der detaillierte Anweisungen zur Erhaltung Ihrer körperlichen und geistigen Gesundheit enthält. Dazu kann gehören, dass Sie sich Zeit für Bewegung nehmen, gesunde Schlafgewohnheiten entwickeln oder beruhigende Freizeitbeschäftigungen aufnehmen.

Abschluss

Dies markiert das Ende Ihrer Reise durch „Die 5-Schritte-Veränderung, um den Burnout-Kreislauf zu durchbrechen". Wir haben in diesen Kapiteln die heimtückische Natur des Burnouts, seine Ursachen und die katastrophalen Auswirkungen besprochen, die es sowohl auf unser Privat- als auch auf unser Berufsleben haben kann. Aber bei dieser Reise ging es nicht nur darum, herauszufinden, was los war; es ging auch darum, Ihnen die Fähigkeiten und Kenntnisse zu vermitteln, die Sie brauchen, um das Burnout zu überwinden und eine nachhaltigere und sinnvollere Zukunft zu schaffen.

Sie haben den ersten Schritt auf einem transformierenden Weg getan, indem Sie den 5-Schritte-Wechsel akzeptiert haben. Sie wissen jetzt, wie Sie Burnout frühzeitig erkennen, Ihre Beziehung zu Erfolgen neu ausrichten, vernünftige Grenzen setzen und der Selbstfürsorge Priorität einräumen. Am wichtigsten ist, dass Sie eine Wachstumsmentalität entwickelt haben und akzeptieren, dass Hindernisse Chancen für die persönliche Entwicklung sein können und dass Veränderungen ein notwendiger Teil des Lebens sind.

Dies ist ein fortlaufender Prozess und kein endgültiges Ziel auf diesem Weg der Veränderung. Das Leben wird

Sie unweigerlich vor neue Herausforderungen stellen und Ihnen neue Probleme und potenzielle Spannungsquellen auferlegen. Aber jetzt, da Sie wissen, wie Sie diese Hindernisse mit Standhaftigkeit überwinden können, haben Sie die Mittel, diese Hindernisse mit Standhaftigkeit zu überwinden. Denken Sie daran, dass die Entwicklung guter Gewohnheiten und die Priorisierung Ihrer Gesundheit der Schlüssel zur Vermeidung eines Burnouts sind.

Die Kraft der Selbstfürsorge: Eine Selbsthingabe

Sich um sich selbst zu kümmern ist unerlässlich, um ein starkes und zufriedenstellendes Leben zu führen; es ist kein Luxus. Wir haben in diesem Buch die physischen, emotionalen und mentalen Aspekte der Selbstfürsorge behandelt. Dies dient als eindringliche Erinnerung daran, diesen Routinen in Ihrem täglichen Leben weiterhin Priorität einzuräumen:

• **Geben Sie dem Schlaf Priorität:** Versuchen Sie, jede Nacht sieben bis acht Stunden gut zu schlafen. Ausreichend Schlaf ist wichtig für die körperliche und geistige Regeneration, damit Sie Hindernissen mit neuer Kraft und Konzentration begegnen können.

• **Ernähren Sie Ihren Körper gut:** Geben Sie Ihrem Körper die gesunde Nahrung, die er braucht, um gut zu funktionieren, indem Sie ihm die Energie und Ausdauer geben, die er braucht. Steigen Sie von Fertiggerichten und zuckerhaltigen Getränken auf nahrhafte Lebensmittel um, die Ihrem Körper und Geist guttun.

- **Beweg deinen Körper:** Regelmäßige körperliche Betätigung hilft, Stress abzubauen und die Stimmung zu verbessern. Ob Tanzen, Schwimmen, Mannschaftssport oder zügiges Gehen – wählen Sie etwas, das Ihnen Spaß macht. Versuchen Sie, an den meisten Tagen der Woche mindestens 30 Minuten mäßig intensives Training zu absolvieren.

- **Geist-Körper-Techniken:** Yoga, Meditation und Atemübungen können Spannungen lösen, die Aufmerksamkeit schärfen und Entspannung fördern. Nehmen Sie sich in Ihrem Tagesablauf Zeit für diese Übungen, auch wenn es nur für kurze Zeit ist.

- **Grenzen setzen:** Um ein Burnout zu vermeiden und Ihr Wohlbefinden zu schützen, ist es wichtig zu lernen, wann man Nein sagt und angemessene Grenzen setzt. Es ist in Ordnung, um Hilfe zu bitten, Verantwortung zuzuweisen und die Arbeit nach Feierabend auf Eis zu legen.

- **Verbindungen pflegen:** Pflegen Sie enge Beziehungen zu optimistischen, ermutigenden Menschen, die Sie aufrichten und ermutigen. Nehmen Sie sich Zeit für unterhaltsame soziale Aktivitäten und investieren Sie in die Entwicklung tiefer Verbindungen.

- **Genießen Sie Spaß und Entspannung:** Planen Sie Zeit für angenehme Beschäftigungen ein, wie Hobbys, Lesen, Musikhören oder Zeit in der Natur verbringen. Die Teilnahme an angenehmen Aktivitäten kann Ihnen helfen, sich besser zu fühlen, weniger gestresst zu sein und mehr Energie zu haben.

Indem Sie diese Aktivitäten zur Selbstpflege in Ihren Alltag integrieren, legen Sie den Grundstein für langfristiges Wohlbefinden und stärken Ihre Fähigkeit, den Belastungen und Schwierigkeiten des Alltags standzuhalten.

Veränderungen akzeptieren: Ein Wachstumskatalysator

Denken Sie daran, dass es im Leben immer Veränderungen geben wird. Unsere wohldurchdachten Pläne können durch unvorhergesehene Ereignisse, veränderte Prioritäten und sich verändernde Arbeitsplätze durchkreuzt werden. Doch anstatt diese Veränderung als Gefahr zu sehen, kann sie eine Chance zur Untersuchung und Entwicklung bieten. Wenn Sie eine wachstumsorientierte Denkweise annehmen, können Sie Hindernissen mit offenem Geist und Neugier begegnen und sich anpassen und lernen, während Sie sich in ungewohnten Umständen befinden.

AUTORENANFRAGE UND BONUS

Lieber Leser,

Vielen Dank, dass Sie sich entschieden haben, „Der 5-Schritte-Wechsel, um den Burnout-Kreislauf zu durchbrechen: Bringen Sie Ihr Gehirn und Ihren Körper wieder in Schwung, um sich vom Burnout zu befreien" zu lesen. Ich hoffe, Sie fanden die Erkenntnisse und Strategien auf diesen Seiten hilfreich und stärkend auf Ihrem Weg zur Überwindung des Burnouts.

Ihr Feedback ist für mich unglaublich wertvoll. Wenn Ihnen das Buch gefallen hat und Sie es nützlich fanden, bitte ich Sie, sich kurz Zeit zu nehmen und eine positive und ehrliche Bewertung auf Amazon zu hinterlassen. Ihre Bewertung wird nicht nur anderen helfen, das Buch zu entdecken, sondern auch zu seinem anhaltenden Erfolg beitragen, mehr Menschen zu erreichen und ihnen zu helfen.

Vielen Dank für Ihre Unterstützung und Ihre Teilnahme an dieser wichtigen Diskussion über das Durchbrechen des Burnout-Kreislaufs.

KLICKEN SIE HIER ODER SCANNEN SIE DEN QR-CODE UNTEN FÜR IHREN BONUS

www.ingramcontent.com/pod-product-compliance
Lightning Source LLC
Chambersburg PA
CBHW071912210526
45479CB00002B/385